그림으로 보는 원소 백과

▲▲▲ ▲▲▲▲ ▲▲ ▲ ▲▲▲▲▲ ▲ ▲ ▲ ▲▲

내 동생 스테파니에게,
네가 없었더라면 이 책은 나오지 못했을 거야.
이 책은 내 것이기도 하지만 네 것이기도 해.
사랑해.

- 리사 콩던 -

▲▲ ▲ ▲▲▲▲▲▲▲▲ ▲ ▲▲▲▲▲ ▲ ▲▲ ▲ ▲▲▲ ▲

THE ILLUSTRATED ENCYCLOPEDIA OF THE ELEMENTS
Text and illustrations copyright © 2020 by Lisa Congdon. All rights reserved.
First published in English by Chronicle Books LLC, San Francisco, California.

일러두기 : 대한화학회가 원소 이름을 영어식 표기로 바꾸었지만, 아직도 일부 원소들
(요오드, 망간, 크롬, 티타늄 등)은 이전 이름이 일상적으로 사용되고 있습니다.
이러한 원소들은 이전의 이름을 괄호 속에 함께 표기했습니다.

그림으로 보는 원소 백과

화학을 몰라도 재미있는 주기율표

리사 콩던 지음
이충호 옮김

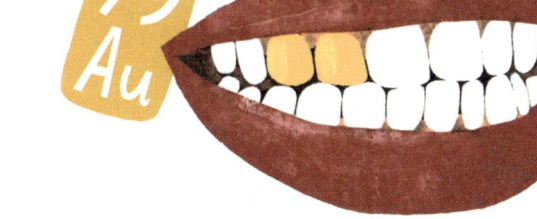

차 례

이 책을 펼친 독자들에게 8	베릴륨 26
세상은 원소로 이루어져 있어! 9	붕소 27
원자는 어떻게 생겼을까? 10	탄소 28
원소로 어떻게 세상을 만들까? 12	질소 30
물질의 상태 14	산소 32
4원소설과 연금술 15	플루오린 34
드미트리 멘델레예프 16	네온 35
주기율표 읽는 방법 18	나트륨 36
원소의 분류 20	마그네슘 37
	알루미늄 39
	지각에 가장 많은 원소 10종 40
수소 22	규소 42
헬륨 24	인 43
리튬 25	우엑! 고약한 냄새! 44

황 45	갈륨 70
염소 46	저마늄 71
아르곤 48	비소 72
칼륨 49	셀레늄 73
칼슘 50	브로민 74
스칸듐 52	크립톤 76
멸종 위기에 처한 원소들 53	루비듐 77
타이타늄 54	스트론튬 78
바나듐 56	이트륨 79
크로뮴 57	지르코늄 80
망가니즈 58	나이오븀 81
우리 몸에 꼭 필요한 원소 59	몰리브데넘 82
철 60	테크네튬 83
코발트 63	루테늄 84
니켈 64	원소 수집가 올리버 색스 85
알쏭달쏭한 원소 기호 66	로듐 86
구리 68	오염 물질을 안전하게 만드는 원소 87
아연 69	팔라듐 88

은 89	터븀 104
카드뮴 90	디스프로슘 105
인듐 91	홀뮴 105
주석 92	어븀 106
안티모니 93	툴륨 106
텔루륨 94	이터븀 107
아이오딘 95	루테튬 107
제논 96	하프늄 108
세슘 97	탄탈럼 108
바륨 98	텅스텐 110
란타넘 99	레늄 110
세륨 99	오스뮴 111
프라세오디뮴 100	범죄 수사에 도움을 주는 원소 111
네오디뮴 101	이리듐 112
프로메튬 102	백금 113
사마륨 102	금 115
유로퓸 103	수은 116
가돌리늄 104	탈륨 118

납	119
비스무트	120
폴로늄	121
아스타틴	122
라돈	122
프랑슘	123
라듐	124
퀴리 부부	125
악티늄	126
토륨	126
프로트악티늄	127
우라늄	127
인공 초우라늄 원소는 어디서 왔을까?	128
입자 가속기	129
넵투늄	130
플루토늄	130
방사능	131
아메리슘	132
퀴륨	132
버클륨	133
캘리포늄	133
아인슈타이늄	134
페르뮴	134
치명적인 원소들	135
101번~118번 원소들	136
주기율표의 발전에 기여한 화학자들	138
용어 사전	142
찾아보기	145

이 책을 펼친 독자들에게

어렸을 때, 식탁에서 아버지가 일하는 모습을 물끄러미 지켜본 적이 있어. 저녁 식사를 마친 아버지는 그래프용지 위에 방정식을 쓰고 있었지. 아버지는 물리학자였는데, 어린 나는 물리학자가 어떤 일을 하는지 잘 몰랐어. 아버지가 방정식을 쓰는 모습을 본 게 다였지. 과학에 대해 큰 호기심이 생겼지만, 과학은 그저 복잡하고 신기한 것이라고만 생각했어.

나는 자라서 초등학교 선생님이 되었어. 어린이들에게 과학을 직접 가르치면서 드디어 과학이 어떤 것인지 생생하게 느낄 수 있었지. 특히 아이들과 함께 우주를 이루는 기본 요소인 원소를 공부하는 게 즐거웠어. 지금은 아이들을 가르치지 않고, 그림을 그리는 일을 하고 있어. 이 책에서는 나의 과학 지식과 그림 실력을 결합해서 주기율표의 원소들을 재미있게 소개하려고 해. 어른들이 읽어도 재미있을 거야.

과학과 미술은 둘 다 아주 창의적인 분야야. 엄격한 규율을 지키면서도 혁신적인 개념을 열린 마음으로 받아들이는 태도가 필요해. 또, 둘 다 마음과 손이 만나는 곳에서 새로운 개념을 실험해야 하지. 과학자와 예술가는 주제를 깊이 파고들면서 인간과 문화, 역사, 종교, 신화를 연구한단다. 그 과정에서 기존의 지식과 정보를 새롭게 바꾸고 발전시킬 기회가 생겨나는 거야.

주기율표는 세상에서 손으로 만질 수 있는 모든 것을 이루는 기본 요소들을 한눈에 파악할 수 있도록 정리한 표야. 우리가 평소에 만지고 먹고 마시고 숨 쉬는 모든 것은 '원소'로 이루어져 있어. 어떤 원소들은 산소, 알루미늄, 은처럼 아주 흔하게 존재해 그 이름이 우리 귀에 익숙해. 혹시 이트륨, 안티모니, 모스코븀을 들어 본 적 있니? 그래, 주변에서 보기 어려운 원소들은 이름도 아주 낯설어.

주기율표를 처음 본다면 암호가 가득한 수수께끼처럼 보일 수 있어. 수많은 칸 안에 알파벳과 숫자를 무작위로 채워 넣은 것처럼 보이기도 하고 말이야. 정말 그럴지도 몰라. 주기율표에는 아주 작은 원자와 그보다 훨씬 작은 양성자, 중성자, 전자에서 시작해서 지구에 존재하는 모든 것이 어떻게 만들어졌는지 알려 주는 비밀이 가득 담겨 있거든.

몇 가지 예외를 제외한다면, 주기율표에 나오는 모든 원소는 이 세상에서 나름의 역할을 맡고 있어. 어디에 쓰이는지 모를 만큼 독성이 강하거나 위험한 원소도 우리가 살아가는 데 중요한 역할을 해. 어떤 원소는 우리 몸의 기능을 효율적으로 만들어 주고, 어떤 원소는 암세포를 죽이고, 해로운 병을 알아내는 데 쓰이기도 해. 암석에서 추출한 어떤 원소는 다리, 건물, 비행기를 만드는 데 쓰이지. 과학자들은 기술과 의학의 발전, 그리고 에너지 생산을 위해서 원소를 새롭게 활용하는 방법을 끊임없이 연구하고 있어.

만약 평소에 호기심이 많고, 어떤 것이 왜 그리고 어떻게 그렇게 되는지 묻기를 좋아한다면, 이미 과학자가 될 자질이 충분해. 이 책에서는 각각의 원소가 어떤 역할을 하고, 어디에 사용되고 있는지에 대한 정보뿐만 아니라 각각의 원소를 발견한 사람들의 이야기도 들려줄 거야. 1869년에 주기율표를 만든 드미트리 멘델레예프도 어렸을 때부터 호기심이 많았대! 모든 발견은 호기심에서 시작하는 법이야.

리사 콩던

세상은 원소로 이루어져 있어!

우리가 보고 만지는 세상의 모든 것, 그러니까 우리 몸과 우리가 서 있는 땅, 지금 보고 있는 책, 하늘의 별까지 모든 것은 '원소'로 이루어져 있어. 지금까지 알려진 원소는 모두 118종이야. 그중에 90여 종은 지구에 원래 존재했고, 나머지는 인공적으로 만들어졌어.

원소는 원자의 종류를 나타내는 이름이고, 원자는 화학적인 방법으로는 더 이상 작은 입자로 쪼갤 수 없는 물질의 최소 기본 단위야. 어떤 물질은 한 종류의 원자로만 이루어져 있어. 이런 물질을 '홑원소 물질'이라고 해. 예를 들면, '수소'는 수소 원자들로만 이루어져 있고, '은'도 은 원자들로만 이루어져 있어.

원자는 어떻게 생겼을까?

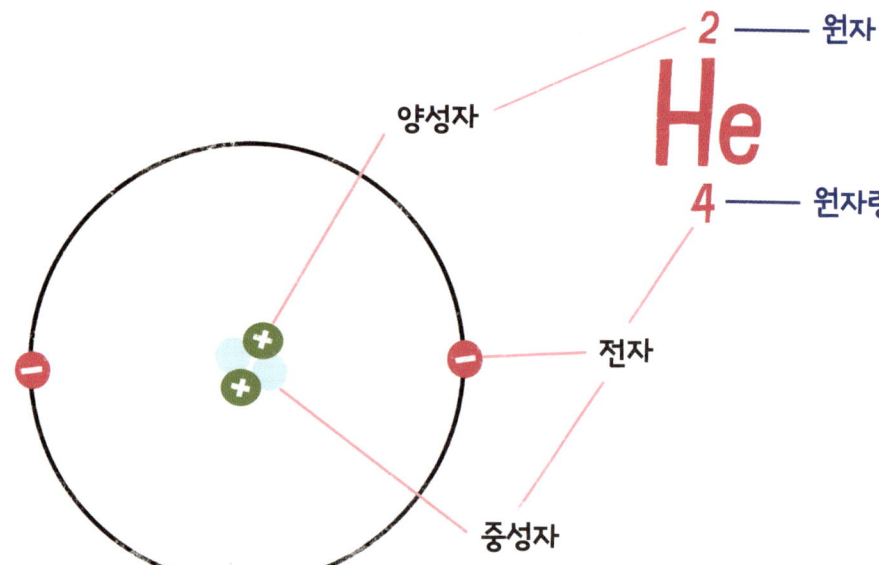

주기율표의 원소들은 원자 번호에 따라 순서대로 나열되어 있다. 헬륨은 양성자가 2개여서 원자 번호가 2이다. 헬륨의 원자량은 4인데, 양성자와 중성자를 더한 것과 같다. 주기율표에는 헬륨의 원자량이 '4.003'으로 표시돼 있다. 실제 원자량은 동위 원소들의 존재 비율을 감안해 그 평균값으로 나타내기 때문이다.

원자의 구조

원자는 너무나도 작아서 초고성능 현미경을 사용하지 않으면 볼 수 없어. 모든 원자의 한가운데에는 밀도가 아주 높은 '원자핵'이 있어. 원자핵은 양성자와 중성자로 이루어져 있어. 양성자는 '양전하'를 띠고, 중성자는 전하(전기적 성질)가 없어. 원자핵 주위에는 '음전하'를 띤 전자가 1개 이상 돌고 있어. 한때 과학자들은 원자를 작은 태양계처럼 묘사했어. 행성들이 태양 주위를 도는 것처럼 전자들이 원자핵 주위를 빙빙 돈다고 말이야. 실제로는 전자들이 흐릿한 구름처럼 원자 주위에 분포해 있어. 만약 이 전자구름이 축구 경기장 크기라면, 원자핵은 경기장 한가운데 놓인 완두콩만 할 거야. 전자의 위치는 정확하게 알 수 없어. 기묘한 양자 역학의 원리 때문에 전자의 위치를 정확하게 아는 건 불가능하거든.

원자의 종류를 결정하는 양성자

모든 원자는 원자핵에 양성자가 1개 이상 있어. 원자의 종류는 양성자의 수에 따라 결정돼. 수소는 양성자가 1개야. 원자핵에 양성자가 1개만 있는 원소는 수소 말고는 없어. 그래서 수소가 주기율표에서 1번 자리에, 그 뒤를 이어 양성자가 2개인 헬륨이 2번 자리에 들어가 있어. 이렇게 주기율표에는 원소들이 양성자 수에 따라 차례대로 배열돼 있는데, 양성자 수는 곧 그 원소의 원자 번호야. 주기율표를 보면 성질이 비슷한 원소끼리 색깔로 표시해 둔 게 보일 거야. 자, 이제 주기율표가 뭔지 알겠지? 지금까지 발견된 118종 원소들을 규칙에 따라 한눈에 볼 수 있게 나타낸 표가 바로 주기율표야.

전하가 없는 중성자

중성자는 전하가 없어. 그래서 원자 속에 중성자가 아무리 많이 있더라도 원자의 전하에 아무 영향도 미치지 않아. 그래도 중성자는 원자량에는 영향을 미쳐. 원자량은 원자에 들어 있는 양성자와 중성자의 수를 합친 것과 대략 같거든.

궤도를 도는 전자

원자 속의 전자들은 음전하를 띠고 원자핵 주위를 빙글빙글 돌아. 전자가 도는 이 궤도를 '전자껍질'이라고 불러. 각각의 전자껍질은 에너지 준위(에너지 값)가 서로 다른데, 원자핵에서 가장 멀리 떨어져 있는 전자껍질이 에너지 준위가 가장 높아. 주기율표의 가로줄을 '주기'라고 하는데, 전자껍질의 수를 나타내. 가장 바깥쪽에 있는 전자껍질을 '원자가 껍질'이라고 하고, 이곳의 전자를 '원자가 전자'라고 해. 원자가 껍질에 있는 전자의 수에 따라 그 원자의 반응성, 즉 다른 원자와 화학 결합을 이루는 성질이 결정돼. 원자가 껍질이 전자들로 꽉 채워져 있을 때, 원자가 가장 안정된 상태에 놓이고 반응성이 가장 약해.

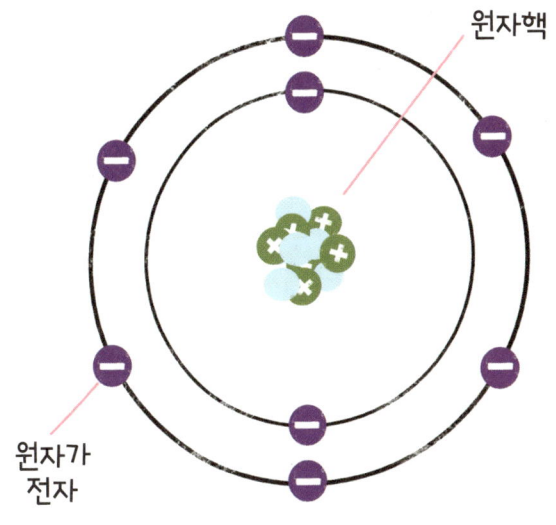

중성 원자와 이온

중성 원자는 양성자와 전자의 수가 같아서 전기적으로 중성인 원자를 말해. 대개는 양성자와 중성자 수도 똑같아(늘 그런 것은 아니지만). 양성자 수는 같지만 중성자 수가 다른 원자들이 있어. 이런 원자들을 '동위 원소'라고 해. 동위 원소는 화학적 성질은 같지만 질량이 약간 달라. 그러면 전자의 수만 다르면 어떻게 될까? 이때에도 원소의 종류는 같지만 화학적 성질이 달라져. 이런 원자는 전하가 더 이상 중성이 아닌데, 이렇게 양전하나 음전하를 띤 원자를 '이온'이라고 해. 만약 어떤 원자에 양성자가 추가된다면 어떻게 될까? 그러면 원자 번호가 달라지니까 완전히 다른 원소가 되지.

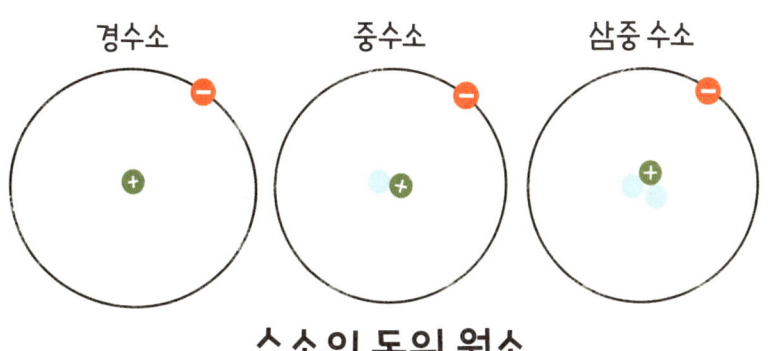

수소의 동위 원소

- 원자의 지름은 약 1Å(옹스트롬, 1Å은 100억분의 1m)으로 백혈구보다 약 10만 배나 작은 크기이다.

- 전자는 초속 약 2200km의 속도로 움직이는데, 18초 만에 지구 주위를 한 바퀴 돌 수 있는 속도이다.

- 원자의 전체 부피 중 99.99999999999%는 텅 빈 공간이다.

- 머리카락 한 올의 굵기는 원자 10만 개를 늘어세운 것과 비슷하다.

- 꽉 쥔 주먹 안에는 약 15,000,000,000,000,000,000,000개의 원자가 들어 있을 것이다! 각각의 원자가 구슬 크기라면, 주먹이 지구만 한 크기가 되어야 한다.

- 가장 큰 원자는 인공적으로 만든 118번 원소 오가네손이다. 오가네손의 원자핵에는 양성자가 118개나 들어 있다.

원소로 어떻게 세상을 만들까?

두 원자가 결합하면 분자가 만들어져. 우리 주변에 존재하는 모든 것은 분자로 이루어져 있어.

두 종류 이상의 원자가 결합해 만들어진 분자는 '화합물'이야. 화합물을 이루는 원자들은 아주 강한 화학 결합으로 붙어 있기 때문에 화합물은 하나의 물질인 것처럼 움직여. 여러 물질이 그냥 섞여 있는 혼합물과 달리 화합물은 물질의 결합이 원자 수준에서 일어나지.

화합물이 되면서 원소가 원래의 성질을 잃는 경우가 있어. 나트륨(Na)은 반응성이 강해서 다른 원소와 화학 반응을 잘 일으키는 원소이지만, 염소(Cl)와 결합하여 염화 나트륨(NaCl, 소금)이 되면 반응성을 잃지.

모든 화합물은 그것을 이루는 원소들의 비율이 정해져 있어. 잘 알려진 화합물 중 하나인 물을 살펴볼까? 물 분자는 항상 수소(H) 원자 2개와 산소(O) 원자 1개로 이루어져 있어. 화학식으로 나타내면 H_2O로 표시할 수 있지. 여기에서 수소 원자 1개를 떼어 낸다면, 그것은 더 이상 물이 아니야.

주기율표에 있는 원소의 수는 118개뿐이지만, 이렇게 원소들의 조합을 통해 생겨날 수 있는 화합물은 수백만, 수천만 가지나 되고, 모두 독특한 성질을 지니지.

합금과 혼합물

합금은 화합물이 아니야. 한 금속에 다른 금속이나 비금속을 섞어서 만든 혼합물이야. 황동은 구리(금속)와 아연(금속)의 합금이야. 강철은 철(금속)과 탄소(비금속)의 합금이고, 때로는 여기에 다른 원소를 첨가하기도 해. 이 구성 성분들을 아주 높은 온도에서 녹여서 섞은 뒤에 식히면 단단한 합금이 되지. 합금은 화합물과 달리 서로 다른 원소의 원자들이 화학 결합으로 연결돼 있지 않아.

화합물과 혼합물

화합물은 두 가지 이상의 원소가 화학적으로 결합해 만들어진 물질이라고 했지? 혼합물은 두 가지 이상의 물질이 화학 반응을 하지 않고 단순히 섞여 있는 거야. 흙과 물이 섞인 흙탕물처럼 말이야.

우리 주변의 화합물

우리에게 익숙한 화합물들의 화학식을 살펴보면, 거기에 어떤 원소들이 들어 있는지 알 수 있어.

대리석: $CaCO_3$

베이킹 소다: $NaHCO_3$

표백제: $NaClO$

아이소프로필 알코올: $(CH_3)_2CHOH$

수산화 마그네슘: $Mg(OH)_2$

설탕: $C_{12}H_{22}O_{11}$

소금: $NaCl$

물질의 상태

모든 물질은 고체, 액체, 기체의 세 가지 상태로 존재해. 물질의 상태를 이야기할 때에는 대개 '상온(약 21°C)'을 기준으로 삼아. 대부분의 원소는 상온에서 고체 상태로 존재하고, 11종은 기체 상태로, 2종은 액체 상태로 존재해. 온도가 변하면 물질의 상태가 변하지만, 전체 원자의 수는 변하지 않아. 다만 배열 방식이 바뀔 뿐이야.

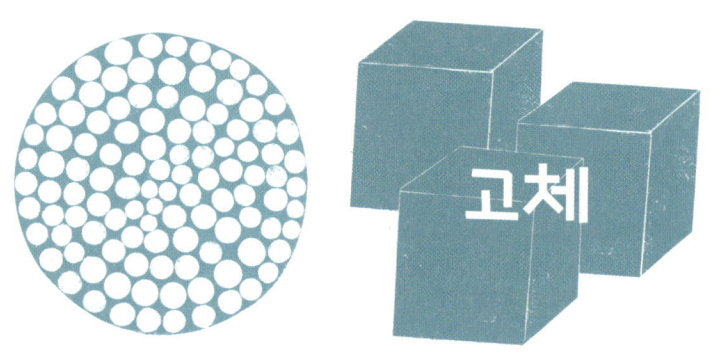

고체 상태에서는 원자들이 서로를 강하게 끌어당기기 때문에 마음대로 돌아다니지 못하고 제자리에 머물러 있어. 그래서 고체는 일정한 모양과 부피를 유지해. 간혹 부드럽고 물렁한 고체도 있지만, 대부분은 단단해.

액체 상태에서는 원자들이 서로 끌어당기는 힘이 약해서 이리저리 흘러 다녀. 액체는 담는 그릇에 따라 모양이 변하지만, 부피는 일정해.

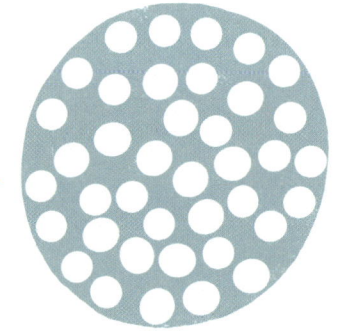 

기체 상태에서는 원자들이 서로 끌어당기는 힘이 아주 약해서 자유롭게 이리저리 날아다녀. 기체를 용기에 담으면, 용기의 크기에 상관없이 기체가 용기를 가득 채워.

4원소설과 연금술

주기율표가 만들어지기 오래전부터 사람들은 우주의 모든 것을 이루는 기본 요소가 무엇인지 알고 싶어 했어. 만물의 필수적인 구성 요소들은 과연 무엇일까? 바빌로니아, 중국, 이집트를 비롯해 많은 고대 문명에서는 나무, 불, 흙, 금속, 물 등의 단순한 물질이 기본 요소라고 생각했지. 고대 그리스인은 만물이 흙, 물, 불, 공기의 네 가지 원소로 이루어져 있다는 '4원소설'을 만들었어. 이 이론은 약 2000년 동안 서양인의 사고를 지배했어. 그들은 이 네 가지 원소로 보이는 세계의 물질을 설명하는 것에 그치지 않고, 사람의 기질이나 신체적 감각까지 네 가지 원소와 연관 지어 설명하는 '4체액설'까지 만들었어. 네 가지 원소와 네 가지 체액의 균형을 유지하는 것이 자연계뿐만 아니라 사람의 정신적, 신체적 건강에도 중요하다고 여겼던 거야.

연금술사와 황금

중세 시대에 연금술사는 자연계를 이해하고 변화시키는 방법을 알려고 노력했어. 금속을 순수하고 완전하게 만드는 방법, 납이나 수은 같은 평범한 금속을 황금으로 바꾸는 방법을 발견하려고 했지. 이 변화를 가능하게 해 주는 신비의 물질을 찾으려고 애쓰기도 했는데, 그 물질을 '철학자의 돌'이라고 불렀어. 물론 그런 물질이 있을 리가 없었지. 하지만 그 과정에서 헤니히 브란트라는 연금술사가 최초로 화학 원소를 발견했어. 인을 발견한 이 이야기는 43쪽에서 확인해 봐.

고대 그리스인이 믿었던 네 가지 원소.

과학 혁명

16세기에 선구적인 화학자들은 연금술사들의 연구와 발견을 바탕으로 새로운 과학적 방법을 사용해 4원소설이 틀렸다는 걸 증명했어. 예를 들면, 4원소설의 기본 원소인 흙은 실제로는 많은 성분이 섞여 있는 것으로 드러났지. 화학자들은 비소와 아연처럼 연금술사들이 분리한 물질들이 서로 혹은 다른 물질과 어떻게 반응하는지 집중적으로 연구했어. 어떤 물질들은 특정 조건에서 비슷한 반응을 보였기 때문에, 18세기의 과학자들은 이 물질들을 같은 집단으로 묶기 시작했어. 이런 시도는 주기율표의 발견과 원소를 이해하는 첫걸음이 되었어.

드미트리 멘델레예프

원소를 체계적으로 분류하고 주기율표를 만든 사람

1834년 2월 8일, 러시아 시베리아의 한 마을에서 드미트리 멘델레예프라는 남자아이가 태어났어. 이 아이는 나중에 위대한 화학자가 되어 과학의 물줄기를 바꾸어 놓았지. 멘델레예프는 형제자매가 10명이 넘는(11명, 심지어 17명이었다는 이야기도 있어.) 대가족 사이에서 자랐어. 열세 살 때 아버지가 세상을 떠났고, 2년 뒤에는 가족이 운영하던 공장마저 불에 타 사라지고 말았어. 어머니는 아들의 미래를 위해 상트페테르부르크로 가서 멘델레예프를 대학교에 입학시켰어. 멘델레예프는 건강이 좋지 않았지만 과에서 수석으로 졸업했지. 졸업 후에는 잠깐 동안 과학 교사로 일하다가 다시 상트페테르부르크로 돌아가 학업을 계속했는데, 화학을 집중적으로 공부했어.

카드에서 영감을 얻다

평소에 수염과 머리카락을 텁수룩하게 기르고 다녔던 멘델레예프는 '똑똑한 괴짜'로 불렸어. 멘델레예프는 《화학 원론》이라는 교과서를 집필하게 되었는데, 거기서 원소들을 설명하고 그 순서를 정하려고 했지. 그런데 순서를 정하는 게 간단하지 않다는 사실을 깨달았어. 고민 끝에 멘델레예프는 혼자서 하는 카드 게임(솔리테어)에서 영감을 얻어 우선 각 원소의 성질과 원자량을 각각의 카드에 적었어. 그렇게 만든 원소 카드를 항상 들고 다니면서 카드의 위치를 이리저리 놓아 보며 어떻게 배열하는 게 적절한지 골똘히 궁리했지.

꿈이 이루어지다

1869년 2월, 멘델레예프는 원소들을 배열하는 문제에 매달려 사흘 밤낮을 한잠도 못 자고 카드들을 이리저리 배열하며 궁리했어. 그러다가 작업대 위에서 그만 깜박 잠이 들었지. 그런데 꿈에서 원소들이 나와 춤을 추기 시작했어. 그러다가 한데 모이더니 바둑판 모양으로 늘어섰어. 잠에서 깬 멘델레예프는 꿈에서 본 바둑판 모양에서 원소들의 표를 어떻게 조직해야 할지 영감을 얻었어. 원소들을 원자량 순으로 차례로 배열했더니, 특정 성질을 가진 원소(기체 원소나 금속 원소)들이 주기적으로 반복해서 나타났어. 그래서 이렇게 만든 표를 '주기율표'라고 부르게 된 거야. 처음 만든 주기율표에는 빈칸들이 여기저기 남아 있었는데, 멘델레예프는 당시에는 아직 알려지지 않았지만 나중에 발견될 원소들이 빈칸을 채울 거라고 장담했어. 심지어 그 원소들의 성질까지도 예측했지. 그 후 150년이라는 시간이 지나는 동안 빈칸에 들어갈 원소가 차례로 발견되었어. 멘델레예프의 예측이 맞아떨어진 거야.

멘델레예프의 원소 카드는 당시의 지식을 바탕으로 작성한 것이어서 틀린 정보도 일부 있었지만 오늘날 우리가 알고 있는 것과 거의 똑같은 주기율표를 만들 수 있었다.

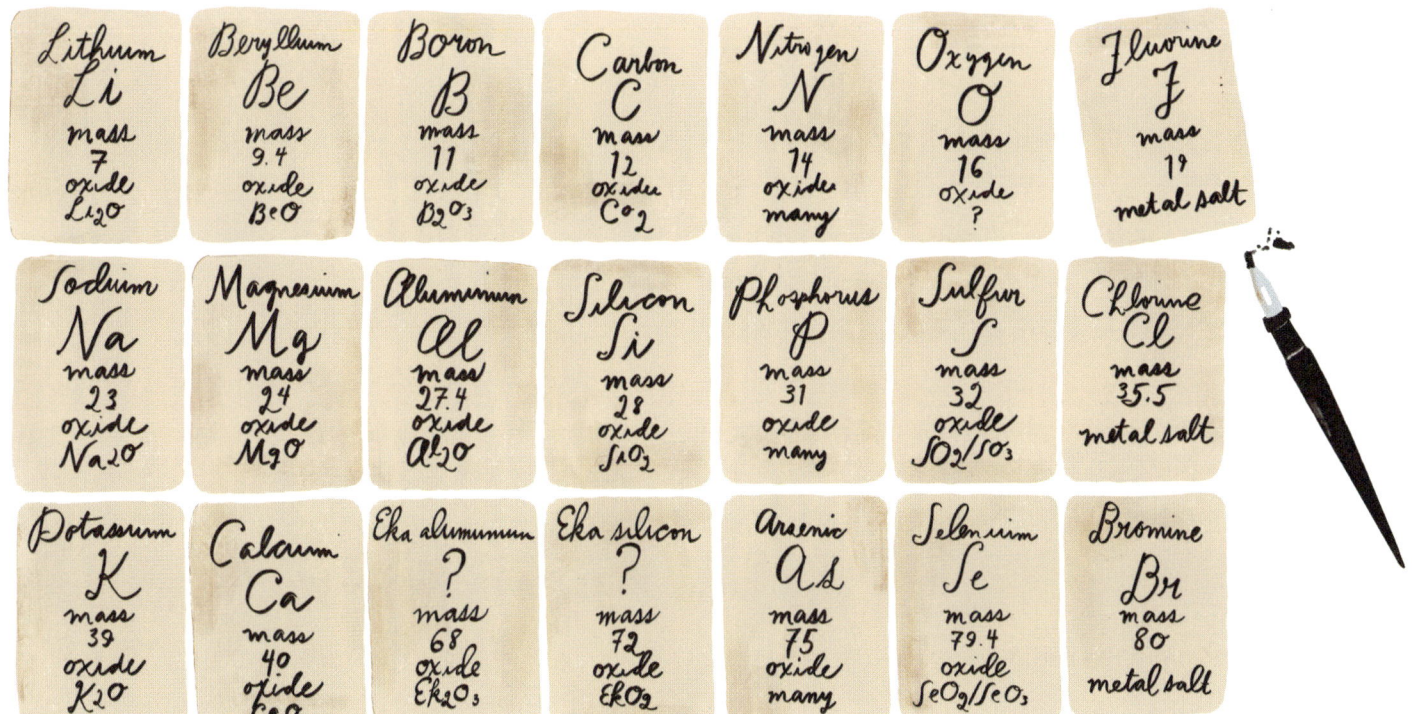

주기율표 읽는 방법

주기율표는 각각의 원소뿐만 아니라, 원소들 사이의 관계를 이해하는 데 큰 도움이 돼. 멘델레예프는 각 원소의 성질을 바탕으로 주기율표를 만들었어. 주기율표에는 나름의 일정한 규칙이 있기 때문에, 아직 발견되지 않은 원소들이 주기율표의 어느 칸에 들어갈지 예측할 수 있었지.

- 주기율표의 칸들은 여러 가지 색으로 나뉘어 있어. 성질이 비슷한 원소들을 함께 묶어서 10개 집단으로 분류하고 색으로 구분한 거야.

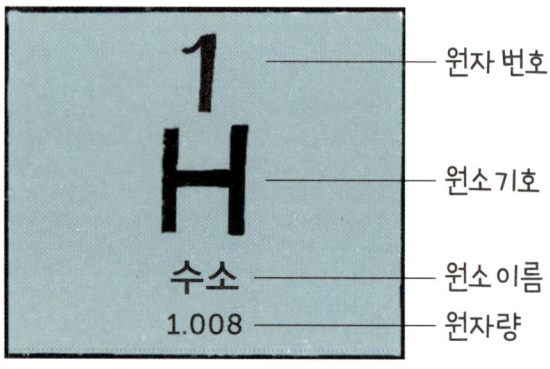

- 원자 번호
- 원소 기호
- 원소 이름
- 원자량

- 각 칸에는 원소가 하나씩 들어가고, 원자 번호, 원소 기호, 원소 이름, 그리고 밑에 원자량이 적혀 있어. 원자량이 정수가 아닌 소수인 이유는 원소마다 동위 원소가 여럿인데, 동위 원소마다 질량이 제각각 다르기 때문이야. 동위 원소들의 존재 비율을 계산해서 전체 동위 원소들의 평균 질량을 구하면 소수가 나올 수밖에 없거든.

- 원소 기호는 하나 또는 두 개의 알파벳 문자로 표기해. 서로 다른 언어를 쓰는 과학자들도 어떤 원소인지 한눈에 알아볼 수 있도록 하기 위해서야. 첫 번째 문자는 대문자로 쓰고, 두 번째 문자는 소문자로 써.

- 원자 번호는 원소의 원자핵에 있는 양성자 수와 같아. 이유가 궁금하다면 10쪽을 다시 읽어 봐.

- 알칼리 금속 원소
- 알칼리 토금속 원소
- 란타넘족 원소
- 악티늄족 원소
- 전이 금속 원소
- 전이후 금속 원소
- 준금속 원소
- 반응성 비금속 원소
- 비활성 기체 원소
- 성질이 알려지지 않은 원소

6	7	8	9	10	11	12	13	14	15	16	17	18
												2 He 헬륨 4.003
							5 B 붕소 10.81	6 C 탄소 12.011	7 N 질소 14.007	8 O 산소 15.999	9 F 플루오린 18.998	10 Ne 네온 20.180
							13 Al 알루미늄 26.982	14 Si 규소 28.085	15 P 인 30.974	16 S 황 32.06	17 Cl 염소 35.45	18 Ar 아르곤 39.95
24 Cr 크로뮴 51.996	25 Mn 망가니즈 54.938	26 Fe 철 55.845	27 Co 코발트 58.933	28 Ni 니켈 58.693	29 Cu 구리 63.546	30 Zn 아연 65.38	31 Ga 갈륨 69.723	32 Ge 저마늄 72.630	33 As 비소 74.922	34 Se 셀레늄 78.971	35 Br 브로민 79.904	36 Kr 크립톤 83.798
42 Mo 몰리브데넘 95.95	43 Tc 테크네튬 (97)	44 Ru 루테늄 101.07	45 Rh 로듐 102.905	46 Pd 팔라듐 106.42	47 Ag 은 107.868	48 Cd 카드뮴 112.414	49 In 인듐 114.818	50 Sn 주석 118.710	51 Sb 안티모니 121.760	52 Te 텔루륨 127.60	53 I 아이오딘 126.904	54 Xe 제논 131.293
74 W 텅스텐 183.84	75 Re 레늄 186.207	76 Os 오스뮴 190.23	77 Ir 이리듐 192.217	78 Pt 백금 195.084	79 Au 금 196.967	80 Hg 수은 200.592	81 Tl 탈륨 204.38	82 Pb 납 207.2	83 Bi 비스무트 208.980	84 Po 폴로늄 (209)	85 At 아스타틴 (210)	86 Rn 라돈 (222)
106 Sg 시보귬 (269)	107 Bh 보륨 (270)	108 Hs 하슘 (269)	109 Mt 마이트너륨 (278)	110 Ds 다름슈타튬 (281)	111 Rg 뢴트게늄 (282)	112 Cn 코페르니슘 (285)	113 Nh 니호늄 (286)	114 Fl 플레로븀 (289)	115 Mc 모스코븀 (289)	116 Lv 리버모륨 (293)	117 Ts 테네신 (294)	118 Og 오가네손 (294)
60 Nd 네오디뮴 144.242	61 Pm 프로메튬 (145)	62 Sm 사마륨 150.36	63 Eu 유로퓸 151.964	64 Gd 가돌리늄 157.25	65 Tb 터븀 158.925	66 Dy 디스프로슘 162.500	67 Ho 홀뮴 164.930	68 Er 어븀 167.259	69 Tm 툴륨 168.934	70 Yb 이터븀 173.045	71 Lu 루테튬 174.967	
92 U 우라늄 238.029	93 Np 넵투늄 (237)	94 Pu 플루토늄 (244)	95 Am 아메리슘 (243)	96 Cm 퀴륨 (247)	97 Bk 버클륨 (247)	98 Cf 캘리포늄 (251)	99 Es 아인슈타이늄 (252)	100 Fm 페르뮴 (257)	101 Md 멘델레븀 (258)	102 No 노벨륨 (259)	103 Lr 로렌슘 (266)	

주기

주기율표에서 가로줄은 '주기'를 나타내. 같은 주기에 있는 원소들은 전자껍질의 수가 똑같아. 1번 가로줄에 있는 원소들, 즉 1주기 원소들은 전자껍질이 1개이고, 2주기 원소들은 전자껍질이 2개야. 이런 식으로 계속 이어져.

족

주기율표에서 세로줄은 '족'이라고 해. 같은 족에 속한 원소들은 주기율표 아래로 내려갈수록 원자량이 커져(즉, 더 무거워져). 같은 족에 속한 원소들은 '원자가 전자'의 수가 똑같아. 그래서 화학적 성질이 서로 비슷해.

원소 집단을 분류하는 이름과 색의 기준이 다른 주기율표도 많다. 약간의 차이는 있더라도 모두 인정받는 주기율표이다.

원소의 분류

주기율표에서 원소들은 서로 다른 색깔의 집단으로 나누어져 있어. 주기율표에서 원소, 주기, 족의 위치는 언제나 똑같지만, 주기율표에 따라 색으로 표시된 부분은 서로 다를 수 있어. 과학자마다 원소를 분류하는 방식이 서로 다르기 때문이지. 이 책의 주기율표는 원소들을 공통의 성질을 바탕으로 10개의 집단으로 나누었어. 어느 집단에도 속하지 않는 외톨이 원소도 하나 있어.

외톨이 원소

주기율표에서 첫 번째 원소인 수소의 원자는 원자핵이 양성자 1개로만 이루어져 있고, 전자 1개가 그 주위를 돌아. 수소는 나머지 원소들과 너무나도 달라서 어느 집단에도 속하지 않는 외톨이 원소야.

알칼리 금속 원소

주기율표에서 맨 왼쪽 세로줄에 있는 원소들이야. 모두 반응성이 강해. 다른 원소와 만나면 화학 반응을 일으키면서 에너지를 방출해. 알칼리 금속은 모든 금속 중에서 반응성이 가장 강해. 그래서 어떤 원소는 물속에 들어가거나 공기와 만나면 큰 폭발을 일으키기도 하지. 이 격렬한 반응의 결과로 항상 '알칼리'라는 화합물이 생겨나. 알칼리는 pH(수소 이온 지수)가 7 이상인 염기 중에서 물에 녹는 물질을 말해. pH가 7인 물은 중성이고, pH가 7보다 높은 물질은 염기, 7보다 낮은 물질은 산이야. 알칼리 금속은 상온에서는 모두 고체인데, 아주 무른 편이고 밀도가 크지 않아. 심지어 물 위에 뜨는 것도 있어.

알칼리 토금속 원소

이 원소들은 순수한 형태일 때에는 은빛 광택이 나. 하지만 자연에서는 순수한 형태로 나타나는 경우가 드문데, 알칼리 금속과 마찬가지로 반응성이 강하기 때문이야. 알칼리 토금속 원소는 지각에 흔하게 존재하는 광물 속에서 화합물의 형태로 발견돼. 광물은 화학적 조성이 일정한 고체 물질인데, 광물을 이루는 원자들의 수와 형태가 균일하기 때문이지. 알칼리 토금속은 알칼리 금속만큼 반응성이 강하진 않지만, 물과 반응하여 알칼리를 만들기 때문에 이런 이름이 붙었어. 알칼리 토금속은 알칼리 금속보다 더 단단하고 밀도가 커. 상온에서 고체 상태로 존재하고, 녹는점도 알칼리 금속보다 더 높아.

란타넘족 원소

이 원소 집단의 첫 번째 원소가 란타넘이어서 란타넘족이라고 불러. 란타넘족 원소는 희토류 금속이라고 부르기도 해. 지각의 복잡한 광물에 섞여서 발견되는 경우가 많고, 처음 발견되었을 때 희귀하다고 여겨졌기 때문이야. 실제로는 아주 풍부하게 존재해! 란타넘족 원소들은 주기율표에서 알칼리 토금속 원소와 전이 금속 원소 사이에 끼어 있어. 이 원소들을 모두 제자리에 집어넣으면, 주기율표가 너무 복잡해지기 때문에, 대개는 주기율표 아래에 따로 자리를 마련해 이곳에 모아 두지. 모든 란타넘족 원소는 원자가 전자가 2개야.

악티늄족 원소

이 원소 집단의 이름도 첫 번째 원소 악티늄에서 딴 거야. 모든 악티늄족 원소는 전자껍질이 7개이고, 원자가 전자가 2개야. 악티늄족 원소는 방사성 원소인데, 15개 중 9개는 실험실에서 만들어졌어. 자연에 존재하는 악티늄족 원소는 밀도가 크고 녹는점도 높아. 인공 악티늄족 원소의 성질은 과학자들도 아는 것이 많지 않아.

전이 금속 원소

주기율표에서 가장 큰 집단이야. 세로줄 9개에 걸쳐 있지. 31개의 원소가 이 집단에 들어 있어. 전이 금속은 순수한 상태에서는 반짝이는 광택이 나고, 모두 녹는점과 끓는점이 높아.

전이후 금속 원소

상온에서는 수은을 빼고는 고체 상태로 존재하는 원소들이야. 수은만 상온에서도 액체 상태야. 대다수 금속과 마찬가지로 전이후 금속도 단단하면서도 가늘고 길게 늘일 수 있는 성질(연성)이 뛰어나. 전기와 열을 잘 전달하는 도체이기도 하지. 전이후 금속은 전이 금속보다 무겁고, 다른 금속보다 녹는점과 끓는점이 낮아.

준금속 원소

금속의 성질과 비금속의 성질을 모두 갖고 있어서 분류하기가 까다로운 원소 집단이야. 대개 금속과 비슷하게 생겼어. 단단한 편이지만 부스러지기 쉽고, 전기도 잘 통하지 않아.

반응성 비금속 원소

화학적 성질이 아주 다양해. 비금속 원소는 일반적으로 열과 전기가 잘 통하지 않는 부도체야. 상온에서 세 가지 상태(고체, 액체, 기체)로 존재하는 원소가 모두 들어 있는 집단은 오직 반응성 비금속 원소뿐이야.

비활성 기체 원소

주기율표에서 맨 오른쪽 세로줄에 있는 원소들이야. 처음에 과학자들은 이 원소들을 귀족 기체 원소라고 불렀는데, 비활성 기체 원소는 산소 같은 '보통' 원소들과 반응을 하지 않기 때문이야. 비활성 기체 원소는 모두 무색의 기체이고, 밀도는 제각각 달라. 밀도는 같은 부피로 비교했을 때 얼마나 무거운지, 속이 원자들로 얼마나 빽빽하게 차 있는지를 나타내는 척도야. 예를 들어 같은 크기라면 깃털로 만든 상자가 돌로 만든 상자보다 훨씬 가벼워. 깃털의 밀도가 돌의 밀도보다 훨씬 작기 때문이야. 라돈의 경우, 헬륨보다 밀도가 54배나 커.

성질이 알려지지 않은 원소

앞의 어느 집단에도 속하지 않는 나머지 원소들이야. 이 원소들은 악티늄족 다음에 위치하기 때문에 초악티늄족 원소라고도 해. 이 원소들은 실험실에서 만들어졌는데, 지금까지 만들어진 양이 너무 적어서 과학자들이 화학적 성질을 제대로 조사할 수 없었어. 그래서 알려진 원소 집단에 집어넣을 수가 없어.

1 H 수소 HYDROGEN

주기율표에서 첫 번째 원소는 수소야. 수소는 모든 원소 중에서 구조가 가장 단순해. 수소 원자는 양성자 1개와 전자 1개로만 이루어져 있어. 수소는 우주에서 가장 많이 존재하는 원소이기도 한데, 우주의 전체 물질 중 75%를 차지해. 태양과 별도 수소를 많이 포함하고 있어. 태양은 핵융합 반응을 하면서 매초 약 6억 톤의 수소를 소모하는데, 이렇게 수소를 태울 때 나오는 열과 빛 덕분에 지구의 모든 생명이 살아갈 수 있어.

종류: 외톨이 원소
발견된 해: 1766년
발견한 사람: 헨리 캐번디시(영국 과학자)

결합을 좋아하는 수소

수소는 짝을 짓길 좋아해. 수소끼리도 결합하지만, 다른 원소들하고도 잘 결합해. 수소는 산소와 결합하면 물이 되어 바다와 강, 호수, 구름을 이루지. 수소와 산소가 다른 비율로 결합한 과산화 수소는 소독제로 쓰여. 쿠키를 만들 때 쓰는 설탕은 수소가 탄소, 산소와 결합한 화합물이야. 목성과 토성처럼 거대한 행성은 수소를 비롯해 헬륨과 메테인(메탄) 같은 여러 기체가 모여 이루어진 기체 행성이야.

편리한 수소 에너지

수소는 연료로 사용할 수 있어. 수소를 연료 전지에 저장했다가 필요할 때 반응시켜 에너지를 얻을 수 있지. 이때 쓰이는 연료 전지는 양전하를 가진 수소 이온과 산소(혹은 다른 원소)의 화학 반응을 통해 전기를 만드는 장비야. 보통 전지와 비슷하지. 작은 연료 전지는 노트북과 휴대 전화에 쓸 수 있고, 큰 연료 전지는 버스나 자동차 혹은 건물 전체에 동력을 공급할 수 있어.

²He 헬륨 HELIUM

헬륨은 그리스 신화에 나오는 태양신 '헬리오스'에서 그 이름을 땄어. 개기 일식 때 관측한 태양 대기의 스펙트럼에서 처음 발견되었거든. 19세기 중엽까지 화학자들이 지구에서 헬륨을 발견하지 못했던 것은 **헬륨이 비활성 기체였기 때문이야.** 비활성 기체는 다른 원소와 반응하거나 결합하지 않아 일반적인 실험을 통해 발견하기가 매우 어려워. 다른 원소들은 서로 활발하게 반응하는 반면, 비활성 기체 원소는 다른 원소들과 어울리려고 하지 않아. 그러다가 마침내 광석을 가열할 때 나오는 기체에서 헬륨이 발견되었어. 오늘날 헬륨은 땅속에 묻힌 천연가스에서 추출하고 있어.

종류: 비활성 기체
발견된 해: 1895년
발견한 사람: 윌리엄 램지(스코틀랜드 화학자). 페르 테오도르 클레베와 닐스 아브라함 랑레트(둘 다 스웨덴 화학자)도 독자적으로 발견했다.
흥미로운 사실: 헬륨은 지구에서 발견되기 전에 우주에서 먼저 발견된 원소이다. 이런 원소는 헬륨밖에 없다.

위로, 위로, 저 멀리로

헬륨은 수소 다음으로 가벼운 원소야. 너무 가볍다 보니 지구 대기에서 우주 공간으로 빠져 나가려는 경향이 있어. 헬륨은 우주의 모든 원자 중 약 4분의 1을 차지할 정도로 풍부하게 존재하지만, 지구에는 헬륨이 아주 적어. 헬륨은 공기보다 가볍고, 비활성 기체여서 다른 원소와 반응하지 않아서 불이 붙지 않아. 그래서 기구나 비행선, 풍선을 채우는 데 쓰이지.

3 Li 리튬 LITHIUM

리튬은 은백색의 무른 금속이야. 모든 금속 중에서 가장 가볍고, 심지어 물 위에도 둥둥 뜰 수 있어. 하지만 물에 닿으면 격렬하게 반응하지. 리튬은 반응성이 아주 강하고 불이 잘 붙어서 보관할 때 조심해야 해. 공기와 접촉해도 격렬하게 반응하거든.

종류: 알칼리 금속
발견된 해: 1817년
발견한 사람: 요한 아우구스트 아르프베손(스웨덴 화학자)
흥미로운 사실: 리튬은 아주 무른 금속이어서 버터를 자르는 칼로도 자를 수 있다.

사교적인 원소

리튬은 다른 원소와 어울리기를 좋아해. 그래서 자연에서 단독으로 발견되는 경우가 없고, 항상 다른 원소와 결합한 상태로 발견돼. 리튬은 주기율표에서 반대편에 있는 염소와 결합해 염화 리튬이라는 화합물이 되는데, 염화 리튬은 습한 환경에서 공기를 건조하게 하는 데 쓰여. 소금과 성질이 비슷한 리튬은 염 화합물에서도 흔히 발견되는데, 바닷물에는 2000억 톤이 넘는 리튬이 포함되어 있어.

리튬의 용도

리튬은 강한 반응성 때문에 열과 전기를 아주 잘 전달해. 그래서 전지로도 쓰이지. 리튬 전지는 많은 양의 에너지를 저장할 수 있어서 스마트폰이나 노트북, 카메라에 주로 쓰여. 탄산 리튬은 양극성 장애 치료제로 쓰이는데, 이 정신 질환의 주요 증상인 심한 기분 변화를 진정시키는 데 도움이 돼. 리튬은 비행기를 만드는 데에도 쓰여. 알루미늄과 섞으면 가벼우면서도 튼튼한 합금이 되는데, 이 합금으로 비행기를 가볍게 만들어서 연료 소비를 줄일 수 있어.

베릴륨 BERYLLIUM
4 Be

베릴륨은 가볍고 단단한 금속이지만 일상생활에서는 보기 힘든데, 희귀한 데다가 독성이 있기 때문이야. 베릴륨이 희귀한 이유는 오직 초신성 폭발(거대한 별이 생애의 마지막에 폭발하는 현상)에서만 만들어지기 때문이지.

종류: 알칼리 토금속
발견된 해: 1797년
발견한 사람: 니콜라 루이 보클랭(프랑스 화학자)
흥미로운 사실: 베릴륨은 처음에는 '달다'란 뜻의 그리스어를 따 글루시늄이라고 불렸는데, 베릴륨염에서 단맛이 났기 때문이다. 하지만 얼마 지나지 않아 글루시늄은 독성이 있어서 인체에 위험하다는 사실이 밝혀졌고, 나중에 그 이름도 베릴륨으로 바뀌었다.

깃털처럼 가볍지만 아주 단단한 금속

밀도와 원자량이 작은 베릴륨은 X선을 거의 그대로 통과시키므로 X선관에 많이 쓰여. 구리에 베릴륨을 소량 섞으면 불꽃이 튀지 않고 강도가 아주 높은 합금이 되는데, 가연성 물질이 많은 곳에 사용하기에 적합하지. 베릴륨은 값비싼 재료이지만, 높은 강도와 낮은 밀도, 높은 녹는점, 부식에 강한 성질 때문에 우주선 재료로 사용하기에 아주 좋아. 베릴륨 거울은 허블 우주 망원경의 뒤를 이은 제임스 웹 우주 망원경에 사용되었어.

베릴륨은 초신성이 폭발할 때 만들어진다.

5 B 붕소 BORON

붕소는 주기율표의 비밀 요원이야. 여러 붕소 화합물은 지구에서 가장 단단한 물질로 꼽히지. 붕소는 자연에서는 순수한 형태로 발견되지 않으며, 광물 화합물의 형태로 발견돼.

▲▲▲▲▲▲▲▲▲▲▲▲▲▲▲▲▲▲▲▲▲▲▲

> 종류: 준금속
> 발견된 해: 1808년
> 발견한 사람: 조제프 루이 게이뤼삭과 루이 자크 테나르(둘 다 프랑스 화학자)와 험프리 데이비(영국 화학자)
> 흥미로운 사실: 말랑말랑하고 촉감이 좋아서 인기 있는 '슬라임'은 붕소가 주성분인 붕사로 만든다. 붕사를 아교(풀)와 적절히 섞으면, 분자들이 서로 뒤엉키면서 액체도 고체도 아닌 물질이 만들어진다.

붕소 화합물

붕소는 다른 원소와 결합하여 흥미로운 물질을 많이 만들어. 질소와 결합하면 다이아몬드만큼 단단한 질화 붕소가 되지. 탄화 붕소는 세상에서 가장 단단한 물질 중 하나이고, 총포탄을 막기 위해 탱크에 덧씌우는 장갑을 만드는 데 쓰여.

집에서도 볼 수 있는 붕소

붕소 화합물은 일상생활에서 흔히 볼 수 있어. 가장 자주 보이는 것은 붕산염인 붕사인데, 다양한 세제와 세정제의 원료로 쓰이지. 액체 계량컵이나 파이렉스 유리로 만든 오븐용 접시 같은 내열 유리 제품을 튼튼하게 하는 데에도 쓰여. 붕소는 마치 보이지 않는 비밀 요원 같아.

탄소 CARBON

결합을 좋아하는 수소가 우주의 모든 것을 연결시키는 접착제라면, 탄소는 모든 생명체의 기반을 이루는 물질이라고 할 수 있어. 탄소 화합물만 따로 연구하는 '유기 화학'이라는 분야도 있어.

살아 있는 모든 생명체는 탄소 화합물을 포함하고 있어. 탄소는 다른 원자와 아주 쉽게 결합하는 성질이 있어서 아주 길고 탄력 있는 사슬 모양의 분자를 만들 수 있는데, 이런 분자를 '중합체'라고 해. 아주 많은 수의 작은 분자들이 마치 실에 꿰인 구슬들처럼 결합되어 있지. 셀룰로스 같은 유기 탄소 중합체는 자연적으로 생기는데, 모든 생명체의 필수 성분이야. 식물의 세포벽을 만드는 데에도 쓰이지.

실험실과 공장에서 만든 합성 중합체도 있어. 대표적인 합성 중합체는 나일론 섬유와 플라스틱이야. 탄성이 뛰어나고 강도와 유연성이 좋아서 매우 유용하게 쓰이지만, 안정성이 너무 높은 게 단점이야. 그래서 자연에서 쉽게 생분해되지가 않아 환경 오염 문제를 일으키지.

종류: 반응성 비금속
발견된 해: 선사 시대
발견한 사람: 알 수 없음
흥미로운 사실: 5300년 전에 살다가 알프스산맥에서 꽁꽁 언 시체로 발견된 아이스맨 '외치'의 몸에는 문신이 있는데, 이 문신은 탄소로 새긴 것이다. 탄소는 지금도 검은색 문신용 잉크의 주성분으로 쓰인다.

변신의 귀재

탄소는 어떤 원소보다도 '동소체'가 많아. 동소체는 같은 원소로 이루어졌지만, 물리적 형태가 서로 다른 물질을 말해. 탄소 원자들이 얇은 판이 층층이 쌓인 형태로 배열되면 무르고 유연한 흑연이 돼. 반면에 서로 맞물린 격자 모양으로 배열되면, 세상에서 가장 단단한 물질 중 하나인 다이아몬드가 되지. 또 원통이나 구 모양으로 배열되면, 강철보다 최대 100배나 강한 '풀러렌'이라는 물질이 돼.

어디에나 쓰이는 탄소

탄소는 의식주를 통틀어 우리가 만지는 거의 모든 곳에 들어 있어. 강철, 화약, 연필, 전동기, 여과 장치, 윤활제, 연료, 잉크도 탄소를 기본 성분으로 포함하고 있어. 강철보다 강하고 고무보다 유연한 고분자 탄소 동소체인 '그래핀'의 기본 성분이기도 해.

기후 변화의 주범

탄소는 나쁜 점도 있어. 석탄과 석유 같은 화석 연료를 태우면, 화석 연료에 들어 있던 탄소가 산소와 결합해 이산화 탄소로 변해. 대기 중의 이산화 탄소 농도가 높아지면, 지구에서 우주로 빠져나가려던 열이 이산화 탄소에 붙들리기 때문에 지구가 더 따뜻해져. 이 현상이 바로 지구 온난화야.

여러 가지 탄소 동소체

흑연

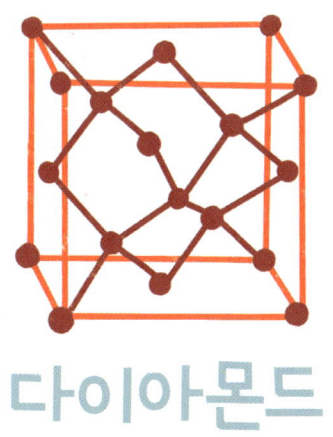

다이아몬드

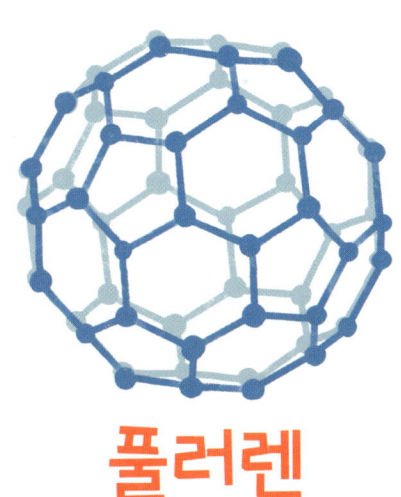

풀러렌

질소 NITROGEN

7 N

질소는 전체 대기 성분 중 78%를 차지해. 지구가 탄생한 초기에 지각에 쌓인 질소는 화산 분화를 통해 대기 중으로 방출되었어. 질소는 기체일 때에는 색과 냄새가 없고 거의 비활성 기체나 다름없어. 즉, 평소에는 반응성이 거의 없어. 액체가 되었을 때에도 색과 냄새가 없고, 물과 아주 비슷하게 보여.

종류: 반응성 비금속
발견된 해: 1772년
발견한 사람: 대니얼 러더퍼드(스코틀랜드 화학자)
흥미로운 사실: 토성의 가장 큰 위성인 타이탄은 거의 질소만으로 이루어진 대기를 갖고 있다. 태양계의 위성 중 상당히 짙은 대기를 가진 것은 타이탄뿐이다.

우리 몸에 좋은 질소

지구에 질소가 풍부한 것은 무척 다행이야. 질소는 지구에서 살아가는 모든 생물에게 꼭 필요한 성분이기 때문이지. 인체에서 질소가 차지하는 비율은 3%밖에 안 되지만, 그래도 우리 몸에서 네 번째로 많은 원소야. 거의 모든 유기 물질에는 질소가 포함돼 있어. 식물은 질소에 의존해 영양분을 얻는데, 그러면서 질소를 다른 생물이 이용하기에 편리한 형태로 바꾸어 저장하는 질소 고정 작용도 해. 우리 주변의 공기에는 질소가 풍부하게 들어 있지만, 질소를 충분히 흡수하려면 질소를 음식물 형태로 공급하는 식물의 도움이 꼭 필요해.

유용하게 쓰이는 질소 화합물

질소 원자는 서로 강하게 결합해 N_2 분자를 만드는데, 우리 주변의 공기에 들어 있는 질소 분자가 바로 N_2야. 중요한 질소 화합물로는 무색의 기체인 암모니아가 있는데, 액체 형태로 바꾸어 농작물에 뿌리는 비료로 쓸 수 있어. 사람이 만드는 암모니아 중 약 80%는 비료로 쓰여. 나머지 20%는 플라스틱, 직물, 살충제, 염료, 액체 세제를 만드는 데 쓰이지.

8 산소 OXYGEN

산소는 지각에서 가장 풍부한 원소이고, 우주에서는 수소와 헬륨에 이어 세 번째로 많은 원소야. 산소는 이렇게 풍부할 뿐만 아니라 다양하게 반응하기 때문에, 우리가 살아가는 데 아주 중요한 원소야. 숨 쉬는 공기를 통해 우리를 살아가게 할 뿐만 아니라, 인류의 탄생도 산소 덕분에 가능했어. 대기 중의 산소 농도가 높아지면서 다세포 생물이 나타나게 되었고, 결국에는 사람과 같은 고등 생물로 진화하게 되었으니까.

종류: 반응성 비금속
발견된 해: 1774년
발견한 사람: 조지프 프리스틀리(영국의 성직자이자 아마추어 화학자)와 칼 빌헬름 셸레(스웨덴 화학자)가 각자 독자적으로 발견했다.
흥미로운 사실: 만약 대기에 산소가 풍부한 행성이 발견된다면, 그 행성에는 외계 생명체가 존재할 가능성이 높다. 왜냐하면 오직 살아 있는 생물만이 산소를 만들어 대기 중으로 내보낼 수 있기 때문이다.

생명을 유지시키는 순환

동물은 에너지가 필요할 때, 호흡을 통해 산소를 들이마셔. 산소가 있어야 당을 태워 에너지를 얻을 수 있으니까. 동물이 들이마신 산소는 숨을 내뱉을 때 이산화 탄소로 바뀌어 대기 중으로 되돌아가. 식물은 광합성을 통해 이산화 탄소와 물을 재료로 당을 만들고, 부산물로 산소를 내놓지. 이 '탄소-이산화 탄소' 순환 덕분에 지구에서 생명이 유지될 수 있어.

반응성이 높은 원소

산소는 모든 원소와 반응하려고 하고(비록 비활성 기체 원소는 산소를 무시하지만!) 때로는 반응의 결과로 연소가 일어나. 물질이 빛과 열을 내면서 연소하는 현상은 대개 산소와 반응할 때 일어나지. 촛불을 예로 들자면, 밀랍의 탄소와 공기 중의 산소가 반응해서 촛불이 타는데, 촛불 위에 병을 씌워서 산소를 차단하면 불이 꺼져.

유용한 산소

우리는 호흡으로 흡수한 산소를 사용해 세포 속에 저장된 에너지를 꺼내고, 이 에너지로 우리 몸을 움직여. 그리고 산소의 힘으로 연료를 태워서 세상도 돌아가게 하지. 자동차 엔진은 가솔린과 산소가 결합해 일어나는 연소 덕분에 돌아가. 스쿠버 다이빙이나 고산 등반, 우주여행처럼 산소가 부족한 환경에서 활동할 때에는 산소 탱크를 꼭 가져가야 해. 산소는 호흡뿐만 아니라, 로켓의 연료를 태우는 데에도 꼭 필요해.

촛불이 타는 것은 밀랍의 탄소와 공기 중의 산소가 반응해 연소하기 때문이다. 공기를 차단해서 산소와 닿지 못하게 하면, 촛불이 꺼진다.

플루오린 FLUORINE

플루오린은 주기율표의 원소들 중에서 반응성이 가장 강해. 순수한 플루오린은 노르스름한 독성 기체로, 반응성이 아주 강해서 공기 중에 소량만 섞여 있어도 사람을 죽일 수 있어. 플루오린화 수소산은 강철이나 유리, 벽돌처럼 단단한 물질도 녹이지. 이렇게 강한 독성과 반응성 때문에 플루오린은 분리하는 과정이 무척 어려워. 1886년이 되어서야 프랑스의 앙리 무아상이 처음으로 플루오린을 분리하는 데 성공했어. 무아상은 이 업적으로 1906년에 노벨상을 받았지.

종류: 반응성 비금속
발견된 해: 1886년
발견한 사람: 앙리 무아상(프랑스 화학자)
흥미로운 사실: '형광'이란 단어는 플루오린을 많이 포함한 광물인 '형석'에서 유래했는데, 형석은 빛을 받으면 특유의 빛을 낸다.

독성 기체에서 건강 지킴이로

플루오린은 치명적인 기체이지만, 다른 원소에 소량 섞어서 사용하면 건강을 지키는 물질로 변신해. 사실, 플루오린(일상생활에서는 '불소'라고 부를 때가 많아.)은 건강을 위해서 꼭 필요해. 치약에 들어 있는 불소 화합물은 플루오린과 나트륨이 결합된 것인데, 충치를 예방하는 효과가 있거든. 미국에서는 수돗물에 불소 화합물을 첨가하는 곳이 많아. 1940년대에 수돗물의 불소 함량이 높은 지역에 사는 사람들은 충치가 덜 발생한다는 연구 결과가 나왔기 때문이야.

네온 NEON

네온은 아주 희귀한 원소야. 지구 대기 중에 섞여 있는 네온의 비율은 0.0018%밖에 안 돼. 네온은 이웃 원소인 플루오린과는 정반대로 모든 원소 중에서 반응성이 가장 약해. 네온은 어떤 원소하고도 반응하지 않는데, 심지어 플루오린과도 반응하지 않아. 자연 상태에서는 무색의 기체이지만, −246°C 아래에서는 액체로 변해.

종류: 비활성 기체
발견된 해: 1898년
발견한 사람: 윌리엄 램지와 모리스 트래버스(둘 다 영국 화학자)
흥미로운 사실: 액화 네온은 인체 냉동 보존에 쓰이기도 한다. 인체 냉동 보존은 기술이 발달한 미래에 되살릴 수 있다고 기대하고, 죽은 사람을 급속 냉각하여 보존하는 기술이다.

네온사인은 밤에 화려한 불빛으로 눈길을 끌기 때문에 간판과 광고에 많이 쓰인다.

네온 불빛

네온등은 1910년에 프랑스 공학자 조르주 클로드가 발명했어. 주황색 불빛이 너무 눈부셔서 일반 가정에서는 사용하기 어려웠기 때문에, 클로드는 네온등을 문자 모양으로 구부려서 가게 주인들에게 팔았지. 이렇게 해서 '네온사인' 간판이 탄생한 거야. 네온 기체를 채운 유리관에 고압 전류를 흘리면, 네온 기체가 밝은 주홍색으로 빛나. 밝게 빛나는 조명 간판을 모두 네온사인이라고 부르지만, 실제로 조명등 속에 네온이 들어 있는 것은 오직 주홍색 네온등뿐이야. 다른 색의 네온사인은 수은 증기나 크립톤 기체 등 다른 기체 성분을 집어넣어 만들어.

11 Na 나트륨 SODIUM

간혹 소금을 '나트륨(소듐)'이라고 알고 있는 사람도 있지만, 우리가 먹는 소금은 염소와 결합한 염화 나트륨이야. 나트륨은 반응성이 아주 강해서 자연에서는 순수한 형태로 존재하지 않아. 항상 다른 원소와 결합해 화합물의 형태로 존재하지. 순수한 나트륨은 물렁한 은백색 고체로, 경도가 낮아서 칼로 자를 수 있어. 나트륨은 반응성이 강해서 공기나 물에 닿지 않도록 특별한 용기에 담아 보관해야 해.

종류: 알칼리 금속
발견된 해: 1807년
발견한 사람: 험프리 데이비(영국 화학자)
흥미로운 사실: 고대 이집트에서는 시체를 미라로 만들어 보존하는 데 나트륨 화합물을 사용했다.

짠맛 이상의 역할

나트륨 화합물은 단지 음식에 맛을 내는 데에만 쓰이지 않아. 수산화 나트륨은 비누와 잿물을 만드는 데 쓰이고, 탄산수소 나트륨은 탄산음료에 들어가고, 화학적 소화기의 주요 성분이지. 황산 나트륨은 종이와 유리를 만드는 데 쓰여. 염화 나트륨(소금)은 바닷물에 녹아 있는 물질 중 약 80%를 차지해.

우리 몸에 꼭 필요한 원소

나트륨은 우리 몸에서도 중요한 역할을 해. 그중에서 몇 가지만 소개해 볼까? 나트륨은 몸속에서 영양 물질을 흡수하거나 운반하고, 혈압과 체액의 균형을 유지하고, 신경 신호를 전달하지. 또 근육을 수축하거나 이완하는 데에도 도움을 줘.

12 Mg 마그네슘 MAGNESIUM

마그네슘도 반응성이 강한 원소여서 자연에서는 항상 탄소나 칼슘, 산소를 비롯해 다른 원소와 결합한 상태로만 발견돼. 지구에 존재하는 마그네슘 중 상당량은 맨틀에 있어. 주로 바닷물에서 분리해서 얻지만, 광석에서도 발견돼.

종류: 알칼리 토금속
발견된 해: 1755년
발견한 사람: 조지프 블랙(영국 과학자)
흥미로운 사실: 바닷물 1리터에는 마그네슘이 약 1.3g 들어 있다.

아주 밝은 섬광

마그네슘 가루는 불에 잘 타는 성질이 있어. 탈 때 아주 밝은 백색 섬광이 나와. 그래서 마그네슘 가루는 불꽃놀이용 폭죽이나 섬광을 만드는 데 쓰이지. 하지만 화염의 온도가 약 2200°C까지 올라가기 때문에 물로도 끄기가 쉽지 않아.

식물의 생장을 돕는 마그네슘

마그네슘은 거의 모든 생물에 꼭 필요한 원소야. 식물의 광합성에도 중요한 역할을 하는데, 마그네슘이 엽록소 분자의 중심 원자이기 때문이야. 식물이 흙 속에서 마그네슘을 흡수하면, 엽록소가 빛 에너지를 이용해 이산화 탄소와 물을 재료로 포도당과 산소를 만들어 내.

우리 몸에 좋은 원소

우리 몸에도 마그네슘이 필요해. 우리는 식물이나 식물을 먹고 사는 동물을 먹어서 마그네슘을 섭취해. 우리 몸의 마그네슘 중 최대 60%는 뼈의 구조를 유지하는 데 쓰이고, 나머지는 신경·근육·심장의 기능, 혈당량 조절, 음식물에서 에너지를 추출하는 기능을 포함해 300가지 이상의 생화학 반응을 돕지.

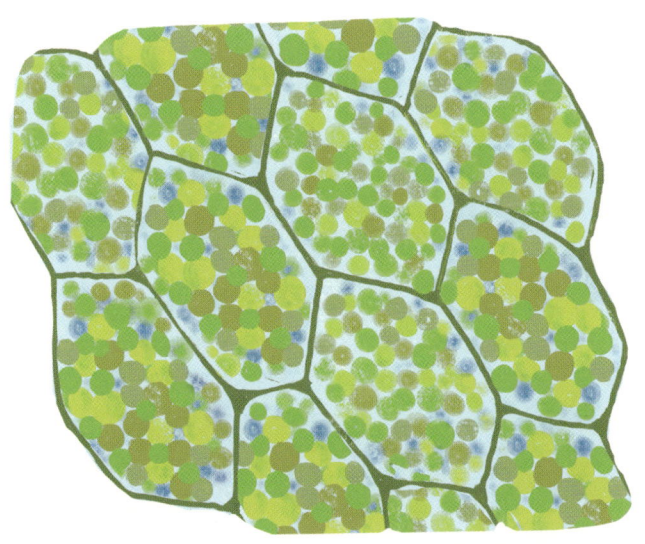

마그네슘은 식물 세포에 들어 있는 엽록소 분자의 중심 원자이다.

알루미늄 ALUMINUM
13 Al

알루미늄 하면 뭐가 떠오르니? 식품을 포장할 때 쓰는 알루미늄 포일이나 음료를 담은 알루미늄 캔 등이 생각날 거야. 부드럽고 잘 구겨지는 성질을 가진 알루미늄은 세상에서 가장 많이 쓰이는 금속 중 하나야. 이런 알루미늄을 과학자들이 19세기 초가 될 때까지 몰랐다고 한다면, 누구나 깜짝 놀랄 거야. 알루미늄의 존재를 발견하고 난 뒤에도 원광인 보크사이트(철반석)에서 추출하는 방법을 알아내기까지 오랜 시간이 걸렸어.

▲▲▲▲▲▲▲▲▲▲▲▲▲▲▲▲▲▲▲▲▲▲▲

종류: 전이후 금속
발견된 해: 1825년
발견한 사람: 한스 크리스티안 외르스테드(덴마크 화학자)
흥미로운 사실: 비행기 표면에 사용되는 알루미늄은 번개로부터 비행기를 보호한다. 알루미늄은 번개의 전류가 비행기 동체를 따라 흘러가 날개나 꼬리로 빠져나가게 해서 비행기 내부에 아무런 영향을 미치지 않게 한다.

제왕의 보물

알루미늄은 한때 금보다 더 귀한 대접을 받았어. 채굴과 추출 비용이 너무 비싸서 알루미늄은 부자와 특권층의 전유물로 간주되었지. 프랑스 국왕 나폴레옹 3세의 궁전에서는 외국의 왕을 포함한 국가수반에게는 알루미늄 쟁반에 음식을 내놓았고, 공작이나 지위가 더 낮은 사람에게는 금 쟁반에 음식을 내놓는다는 소문도 있었어. 1855년 파리 만국 박람회에서는 프랑스 왕관 옆에 알루미늄 막대가 나란히 놓이기도 했지.

뛰어난 재활용

알루미늄은 유용하지만 값이 비싸고, 채굴과 추출 과정이 어렵기 때문에 재활용을 많이 하는 금속이야. 채굴하고 추출하는 데 드는 에너지의 5%면 재활용을 할 수 있거든. 매년 수십억 개나 생산되는 알루미늄 캔은 100% 순수한 알루미늄으로 만들기 때문에, 재활용하기가 아주 편리해.

우리 주변의 알루미늄

알루미늄은 가볍고 부식에 강해. 그래서 창틀, 식품 용기, 비행기 동체, 터치스크린 주변의 케이스 등을 만드는 데 적합해. 알루미늄은 전기도 잘 통하고, 다른 금속과 섞어 전기 케이블을 만드는 데에도 쓰여.

지각에 가장 많은 원소 10종

산소
지각에서 가장 풍부한 원소는 산소야. 우리는 산소를 흔히 우리가 숨 쉬는 공기 중에 섞여 있는 기체로 생각하지만, 산소는 지각의 대부분을 차지하는 광물들의 주요 성분이기도 해.

규소
지각의 90% 이상은 규산염 광물로 이루어져 있어. 규산염에는 규소와 산소가 일정 비율로 섞여 있어. 그래서 규소는 지각에서 두 번째로 많은 원소야.

철
지구에 존재하는 철 중 대부분은 지각이 아니라 핵과 맨틀에 있어. 내핵과 외핵은 철과 니켈의 합금으로 이루어져 있는 것으로 추정되며, 지구 전체 질량의 35%를 차지해.

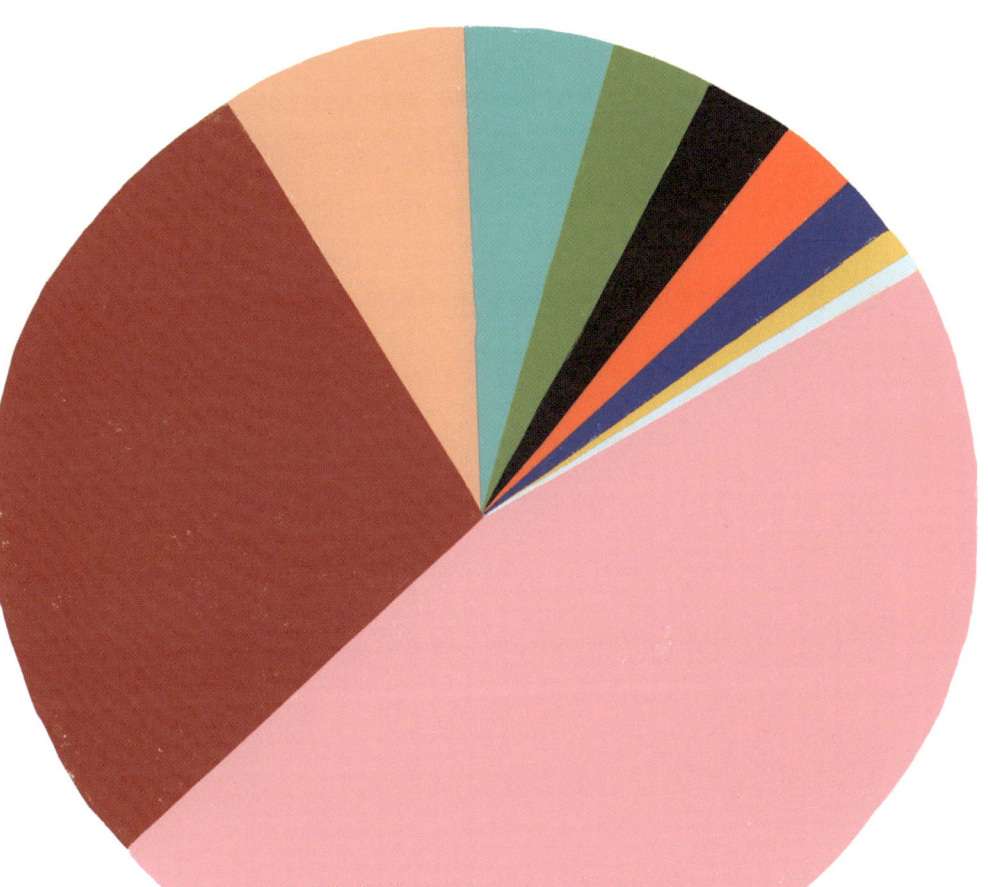

14 Si 규소 SILICON

규소는 지각에서 산소에 이어 두 번째로 풍부한 원소야. 산소와 규소는 가장 친한 친구이기도 해. 지구의 암석을 구성하는 광물 중 약 95%에는 규소가 들어 있고, 거의 모든 암석은 규소와 산소의 화합물인 규산염 광물로 이루어져 있거든. 흔히 볼 수 있는 규산염 광물 중 하나는 전 세계의 해변에 널려 있는 모래야.

종류: 준금속
발견된 해: 1824년
발견한 사람: 엔스 야코브 베르셀리우스(스웨덴 화학자)
흥미로운 사실: 사람들은 규소를 오래전부터 유용하게 사용해 왔다. 화살촉이나 절단 도구를 비롯해 석기 시대의 많은 도구는 석영이나 부싯돌처럼 이산화 규소(실리카)가 주성분인 암석으로 만들어졌다.

▲▲▲▲▲▲▲▲▲▲▲▲▲▲▲▲▲▲▲▲▲▲▲▲▲▲▲▲

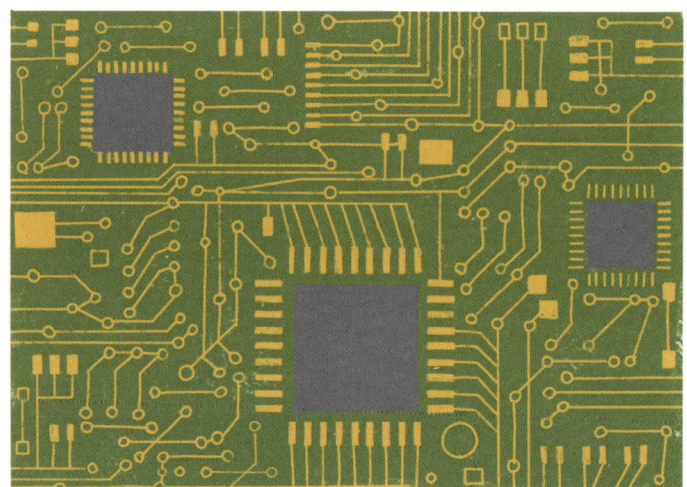

컴퓨터의 머더보드(주 회로 기판)는 집적 회로로 가득 차 있는데, 집적 회로는 규소로 만든다.

반도체의 재료

규소는 지난 50년 사이에 컴퓨터에 필수적으로 쓰이면서 아주 중요한 원소로 떠올랐어. 캘리포니아주에는 컴퓨터 회사들이 아주 많이 모여 있어서 '실리콘 밸리'라고 부르는 지역이 있어. 마이크로칩은 규소(실리콘)의 특성을 이용해 전기의 흐름을 조절하지. 규소 자체는 전기가 잘 통하지 않는 부도체이지만, 다른 원소를 소량 첨가하면 반도체가 되어 전류를 독특한 방식으로 흐르게 하기 때문이야.

규소는 재주가 많아

이 다재다능한 원소는 태양 전지판을 통해 햇빛을 전기로 바꾸는 데에도 쓰여. 유리, 벽돌, 점토를 만드는 데에도 규산염 광물이 쓰이지. 규소는 실리콘 접착제, 산업용 윤활제에도 쓰이고, 실리콘 조리 도구를 만드는 데에도 쓰이지.

15 P 인 PHOSPHORUS

인은 치명적인 독성이 있어. 인의 종류는 공기 중에서 스스로 불이 붙는 백린, 더 안전하고 안정적인 적린, 그리고 쉽게 보기 힘든 흑린, 이렇게 세 가지가 있지. 인은 모든 생물을 살아가게 하는 데 중요한 역할을 하지만, 자연에서는 순수한 형태로 발견되지 않아.

▲ ▲ ▲ ▲ ▲ ▲ ▲ ▲ ▲ ▲ ▲ ▲ ▲ ▲ ▲ ▲ ▲

종류: 반응성 비금속
발견된 해: 1669년
발견한 사람: 헤니히 브란트(독일의 상인이자 연금술사)
흥미로운 사실: 성냥갑 바깥쪽 띠에는 인이 묻어 있다. 성냥 머리를 이 띠에 문지르면 불이 붙는다.

오줌에서 발견한 인

인은 17세기에 독일 연금술사 헤니히 브란트가 처음 발견했어. 브란트는 신비의 물질인 '철학자의 돌'을 찾으려고 노력하다가 오줌을 끓여 졸여 보기로 했어. 오줌의 황금색에서 힌트를 얻었던 걸까? 그 결과로 괴기스러운 빛을 내는 물질을 얻었는데, 그것은 바로 '백린'이었어. 그리고 그 빛은 백린이 산소와 반응하면서 난 거였어. 브란트는 크게 기뻐하며 이 물질에 마법의 힘이 있다고 믿고서 이 발견을 몇 년 동안 비밀에 부쳤어. 나중에 이 원소에는 '포스포루스'란 이름이 붙었는데, '빛을 가져오는 자'라는 뜻의 그리스어에서 유래했어.

DNA에 들어 있는 인

인산염은 인과 산소의 결합이 기본 뼈대를 이루고 있어. 인산염은 모든 생물에게 중요해. DNA의 기본 골격을 이룰 뿐만 아니라, 우리 몸속에서 에너지를 저장하고 공급하고 운반하는 데 중요한 역할을 하는 ATP(아데노신삼인산)의 주요 성분이기 때문이야. 심지어 우리 뼈도 단단한 인산 칼슘으로 만들어져 있어.

성장의 부작용

인은 식물의 성장을 돕는 비료의 주요 성분이기도 해. 하지만 인산염이 강이나 바다로 흘러 들어가면, 조류와 여러 식물이 과다하게 번식해 수질 오염을 일으킬 수 있어.

우엑! 고약한 냄새!

황

순수한 황은 냄새가 없지만, 대부분의 황 화합물은 냄새가 아주 고약해! 스컹크의 분비물과 썩은 달걀, 방귀에서 나는 악취의 주범은 '싸이올'이라는 황 화합물이야. 고약한 방귀 냄새는 황이 함유된 음식물이 몸속에서 분해되면서 발생하는 거야.

셀레늄

주기율표에서 황 바로 밑에 있는 셀레늄도 냄새가 지독해. 많은 화학자는 셀레늄화 수소가 세상에서 가장 냄새가 고약한 물질이라고 주장해. 다른 화학자들은 직접 검증하는 대신에 그냥 이들의 말을 믿기로 했어.

브로민

어쩌면 여러분도 수영장이나 뜨거운 목욕탕에서 톡 쏘는 브로민 냄새를 맡아 본 적이 있을 거야. 브로민은 물을 살균하는 용도로 쓰이거든. 이 원소의 이름은 '악취'를 뜻하는 그리스어 '브로모스(bromos)'에서 유래했어.

텔루륨

황, 셀레늄과 가까운 관계에 있는 텔루륨도 방 안의 사람들을 모두 내보낼 수 있을 만큼 고약한 냄새를 풍길 수 있어. 텔루륨을 0.5μg(마이크로그램, 1μg은 100만분의 1g)만 삼켜도 입에서 30분 동안 고약한 마늘 냄새가 나.

오스뮴

영국 화학자 스미스슨 테넌트는 오스뮴의 자극적인 냄새에 역겨움을 느꼈지. 그래서 '냄새'를 뜻하는 그리스어 '오스메(osme)'에서 따와 이 원소의 이름을 지었어.

16 황 SULFUR

자극적인 냄새로 유명한 황은 자연에서 순수한 형태로 발견되는 극소수 원소 중 하나야. 노란색 결정으로 산출되는 황은 주로 화산 분화구와 온천에서 발견돼.

▲▲▲▲▲▲▲▲▲▲▲▲▲▲▲▲▲▲▲▲▲▲▲▲▲▲▲

여러 가지 용도

채굴된 황 중 약 85%는 황산을 만드는 데 쓰여. 부식성이 강한 황산은 철과 강철의 녹을 제거하는 작업에도 쓰이고, 비료, 석유 정제 등에도 쓰여. 황 화합물은 천연 고무를 경화 고무(타이어의 재료)로 만들거나, 말린 과일을 보존하거나, 전지에 들어가는 액체 전해질(배터리 산)을 만드는 데 쓰여. 황은 살균 작용이 있어서 의료용으로도 쓰이지.

종류: 반응성 비금속
발견된 해: 선사 시대부터 알려져 있었지만, 1777년에 정식 원소로 인정되었다.
발견한 사람: 앙투안 로랑 라부아지에(프랑스 화학자)
흥미로운 사실: 이산화 황은 오래전부터 집 안의 해충을 없애기 위한 훈증 소독 약제로 쓰였다. 이 방법은 19세기까지 사용되었다.

땅속 깊은 곳에서는 높은 압력과 온도 때문에 물이 뜨겁게 가열되어 주변의 흙과 암석에 포함된 황을 녹인다. 황은 산소와 결합해 황산염 화합물이 되는데, 온천의 고약한 냄새는 바로 이 화합물에서 나온다.

17 Cl 염소 CHLORINE

자연계에서는 발견할 수 없지만, 순수한 형태의 염소는 초록색이 섞인 노란색 기체로, 반응성이 아주 강하고 위험해. 하지만 염화 나트륨(소금)처럼 다른 원소와 결합한 염소 화합물은 우리 몸에 꼭 필요한 성분이기도 해. 염소 화합물은 근육과 신경에도 사용되고, 우리가 호흡하는 숨에도 섞여 있어. 위에서 분비되는 위액에는 음식물 소화를 돕는 염산이 섞여 있지.

종류: 반응성 비금속
발견된 해: 1774년
발견한 사람: 칼 빌헬름 셸레(스웨덴 화학자)
흥미로운 사실: 오늘날 선진국에서는 살균을 위해 수돗물에 염소를 첨가한다. 1897년에 영국에서 장티푸스가 창궐한 것이 계기가 되어 식수를 살균하는 데 염소를 쓰기 시작했다. 염소가 물속의 장티푸스균을 죽여서 전염병의 확산을 막았다.

염소 화합물

염소는 다양한 화합물을 만드는데, 그중에는 유용하게 쓰이는 것이 많아. 소금의 주성분인 염화 나트륨은 음식의 맛을 돋우지. 염화 수소에 물을 섞으면 염산(염화 수소산)이 되는데, 염산은 강철에 생긴 녹을 제거하는 데 쓰여.

여러 가지 용도

염소는 종이 제품, 염료, 직물, 의약품, 소독제, 살균제, 용매, 페인트, 전지, 젤라틴, 단단한 플라스틱인 폴리염화 비닐(PVC) 등을 만드는 데 사용해. 수영장 소독에도 흔히 쓰이고 있어.

위험한 독가스

염소 기체는 매우 해로워. 특히 호흡 기관에 치명적인데, 염소 기체를 들이마시면 폐부종이 생길 수 있어. 폐부종이 생기면, 폐에 액체가 차서 숨을 쉬기 어려워지지. 끔찍한 일이지만, 이런 이유 때문에 전쟁에서 염소가 화학 무기로 사용된 적도 있었어.

18 Ar 아르곤 ARGON

아르곤은 주기율표에서 게으른 원소로 유명해. 그 이름도 '게으른' 또는 '비활성'이란 뜻의 그리스어 '아르고스'에서 유래했어. 아르곤은 다른 비활성 기체와 마찬가지로 다른 원소와 결합하지 않아. 그런데도 아르곤은 지구의 대기에서 질소와 산소에 이어 세 번째로 많은 성분이야.

종류: 비활성 기체
발견된 해: 1894년
발견한 사람: 존 레일리(영국 물리학자)와 윌리엄 램지(영국 화학자)
흥미로운 사실: 아르곤은 무색의 비활성 기체이지만, 전류를 흘리면 네온사인에서 볼 수 있는 자주색 빛이 난다.

게을러서 유용한 기체

아르곤의 비활성 성질이 유용하게 쓰이는 곳이 있어. 아르곤은 공기 중에 많이 포함돼 있기 때문에 값싸게 얻을 수 있어. 공기를 냉각시켜 액체로 만든 뒤, 서서히 온도를 올리면 공기에 들어 있는 각각의 기체 성분이 제각각 다른 온도에서 분리되어 나와. 기체 성분마다 끓는점이 서로 다르기 때문이야. 용접처럼 고온의 작업을 할 때, 반응성이 낮은 아르곤 기체로 화염을 둘러싸면 금속이 산소(32쪽 참고)와 반응하지 않게 할 수 있어. 아르곤은 열도 잘 전달하지 않기 때문에 외부의 열을 차단하는 효과가 뛰어나. 그래서 단열 효과를 위해 창유리 사이에 집어넣기도 해. 백열전구에도 아르곤을 채워 넣는데, 그러면 밝게 빛나는 뜨거운 필라멘트가 산소와 반응해 타 버리지 않도록 산소를 차단할 수 있거든.

19 K 칼륨 POTASSIUM

칼륨(포타슘)은 금속이지만 밀랍처럼 부드러워서 칼로 쉽게 자를 수 있어. 칼륨은 반응성이 매우 강하기 때문에 자연에서는 순수한 형태로 존재하지 않아. 칼륨이 다른 원소와 결합한 화합물 중에는 유익한 것이 많아. 사실, 칼륨이 없으면 우리는 제대로 살아갈 수 없어.

종류: 알칼리 금속
발견된 해: 1807년
발견한 사람: 험프리 데이비(영국 화학자)
흥미로운 사실: 바나나는 칼륨이 많이 들어 있어 방사능이 나온다! 사실, 우리가 먹는 모든 식품은 아주 적은 양이긴 하지만 방사능을 포함하고 있다.

잿물
식물을 태워서 생긴 재를 물에 녹이면, 칼륨염(주로 탄산 칼륨)이 주성분인 용액이 생겨. 이 물질을 잿물이라 부르는데, 잿물은 수백 년 동안 식물의 비료로 사용돼 왔어. 칼륨은 식물이 수분을 조절하는 기능을 돕고, 가뭄에 견딜 수 있게 해 줘. 그리고 효소를 활성화시키는 일도 해.

우리 몸에 좋은 칼륨
칼륨은 생물이 살아가는 데 꼭 필요한 영양소야. 세포들 사이에서 전기 자극을 전달하고, 신경과 근육의 기능을 조절하는 역할을 하거든. 근육 수축이 일어날 때에도 칼륨은 나트륨과 함께 꼭 필요해. 땀을 많이 흘리거나 장염에 걸려서 설사나 구토로 몸에서 전해질이 많이 빠져 나가면 칼륨 농도가 떨어져. 칼륨이 부족하면 쇠약 증세, 근육 경련, 심지어 정신 착란까지 일어날 수 있어. 이럴 때에는 얼른 전해질을 충분히 섭취해야 해. 칼륨은 바나나, 살구, 렌틸콩, 브로콜리, 멜론에 많이 들어 있어.

20 Ca 칼슘 CALCIUM

칼슘은 지각에 풍부하게 존재하고, 우리 몸속에도 들어 있어. 성인 한 명의 뼈와 치아에 들어 있는 칼슘을 모두 합치면 약 900g이나 돼. 순수한 형태의 칼슘은 은색 금속이지만, 자연에서는 보기 어려워. 자연에서 가장 많이 발견되는 칼슘 화합물은 석회암, 그리고 산호와 조개껍데기의 주성분인 탄산 칼슘이야.

▲▲▲▲▲▲▲▲▲▲▲▲▲▲▲▲▲▲▲▲▲▲▲▲

> **종류**: 알칼리 토금속
> **발견된 해**: 1808년
> **발견한 사람**: 험프리 데이비(영국 화학자)
> **흥미로운 사실**: X선 사진에 뼈가 나오는 이유는 칼슘 때문이다. X선은 부드러운 조직은 그냥 통과할 수 있는데, 뼈는 통과하지 못한다. 뼈에 있는 칼슘이 X선을 흡수하기 때문이다. 그 결과로 필름에 뼈가 흰색으로 나타나는 것이다!

몸에 좋은 칼슘

우유가 몸에 좋다고 강조하는 광고를 많이 보았을 거야. 우유에 든 성분 중 뼈를 튼튼하게 하는 성분이 칼슘이야. 동물의 젖에는 새끼가 자라는 데 필요한 필수 비타민과 미네랄이 풍부하게 들어 있어. 칼슘은 우리 몸이 제대로 기능하는 데 꼭 필요한 성분이어서 인산 칼슘의 형태로 뼈와 치아에 저장돼 있어. 칼슘을 충분히 섭취하지 않으면, 우리 몸이 뼈에 저장된 칼슘을 계속 꺼내 쓰기 때문에 뼈가 약해지거나 제대로 자라지 못해. 칼슘은 유제품, 짙은 초록색 잎채소, 콩, 일부 어류 등에 풍부하게 들어 있어.

곳곳에서 만날 수 있는 칼슘

탄산 칼슘이 주성분인 석회암은 산호와 조개껍데기가 쌓여서 만들어진 퇴적암이야. 반들반들한 타일이나 근사한 조리대를 만들 때에도 쓰이고, 건축에 꼭 필요한 콘크리트에도 쓰이지. 건축 재료로 쓰이는 석고에도 칼슘 성분이 들어 있어. 석고의 주성분은 황산 칼슘이야. 부러진 뼈를 고정하는 깁스의 재료가 바로 석고야. 여러분도 교실에서 칼슘을 손에 쥐어 본 적이 있을 거야. 분필의 주성분이 바로 석고이거든.

21 Sc 스칸듐 SCANDIUM

스칸듐은 무르고 가벼운 금속이야. 처음 들어 보는 금속이라고? 스칸듐은 지각에서 희귀한 원소는 아니지만, 아주 낮은 밀도로 곳곳에 흩어져 있어. 보통 금속과 달리 한곳에 많이 모여 있지 않지. 그래서 아주 많은 양을 채굴해야 쓸 만한 양을 겨우 추출할 수 있어. 1년 동안 전 세계에서 거래되는 산화 스칸듐의 양은 10~15톤에 불과해.

종류: 전이 금속
발견된 해: 1879년
발견한 사람: 라르스 프레드리크 닐손(스웨덴 화학자)
흥미로운 사실: 주기율표의 아버지로 불리는 멘델레예프(16쪽 참고)는 1871년에 주기율표에서 칼슘과 타이타늄 사이의 빈칸에 아직 발견되지 않은 원소가 들어갈 것이라고 예측했다. 그로부터 10년이 지난 뒤에 그 칸에 들어갈 원소를 닐손이 발견했다. 이 원소의 이름은 스웨덴이 위치한 스칸디나비아반도에서 유래했다.

▲▲▲▲▲▲▲▲▲▲▲▲▲▲▲▲▲▲▲▲▲▲▲▲▲▲▲▲▲▲▲▲

적은 양으로 큰 효과를 내는 원소

스칸듐은 생산량이 적지만 아주 유용하게 쓰여. 알루미늄 합금은 스칸듐을 0.1%만 첨가해도 강도가 크게 높아지면서 탄성이 아주 좋은 금속이 되거든. 그래서 비행기와 자전거 프레임, 야구 방망이 같은 스포츠 장비로 사용하기에 아주 좋아. 스칸듐은 주차장, 대형 마트, 경기장 등을 밝혀 주는 메탈 할라이드 램프에도 쓰여.

멸종 위기에 처한 원소들

이 원소들이 지구에서 완전히 사라지진 않을 거야. 우주 공간으로 계속 빠져나가는 헬륨을 제외한다면 말이야. 하지만 사람들이 너무 많이 사용하는 바람에 이 원소들은 원래 있던 장소에서 벗어나 여기저기로 흩어졌어. 한 번 흩어진 원소는 다시 모으기 어려워서 '멸종 위기'에 처했다고 표현한 거야. 원소가 동물이나 식물처럼 죽거나 사라지는 것은 아니지만, 어떤 원소가 멸종 위기에 처했다는 말은 우리가 더 이상 그 원소를 넉넉하게 사용하기 힘들어졌다는 뜻이야.

헬륨

우주에서 두 번째로 풍부한 원소이지만, 지구에 존재하는 헬륨은 천연 우라늄과 토륨이 방사성 붕괴를 할 때 생겨나서 수십억 년 동안 모인 거야. 오늘날 우리는 헬륨이 만들어지는 것보다 더 빠른 속도로 헬륨을 소비하고 있어.

인듐

인듐 주석 산화물의 형태로 터치스크린 재료로 쓰이면서 최근에 수요가 크게 늘어났어. 과학자들은 광석과 버려진 장비에서 인듐을 더 효율적으로 추출하는 방법을 연구하고 있어.

인

현대 농업에서 비료로 쓰이는 인은 앞으로 30년 안에 수요에 비해서 공급이 크게 부족해질 거라고 해. 과학자들은 오줌에서 인을 추출하는 방법을 연구하고 있어!

희토류 원소

풍력 터빈과 하이브리드 자동차(전기와 가솔린을 모두 동력으로 쓸 수 있는 자동차) 같은 녹색 기술은 희토류 원소에 크게 의존하고 있어. 스칸듐, 이트륨, 란타넘족 원소 15종으로 이루어진 희토류 원소들은 화학적 성질이 서로 비슷해서 광석에서 따로따로 추출하기가 어렵고, 비용도 많이 들지. 그런데 날이 갈수록 수요가 늘어나 공급이 따라가지 못하고 있어.

22 Ti 타이타늄 TITANIUM

그리스 신화에 나오는 거인족 티탄에서 그 이름을 딴 타이타늄(티타늄)은 가벼운데도 아주 단단하고 좀처럼 부식되지 않아. 주기율표의 슈퍼스타라고 부를 만하지. 타이타늄 광석은 지구에 풍부하지만, 광석에서 타이타늄을 추출하는 과정이 쉽지 않아서 타이타늄은 아주 비싼 값에 거래되고 있어.

종류: 전이 금속
발견된 해: 1791년
발견한 사람: 윌리엄 그레거(영국의 성직자이자 광물학자)
흥미로운 사실: NASA(미국 항공 우주국)의 무인 탐사선이 촬영한 달 표면 사진을 분석한 결과, 달에는 타이타늄을 많이 함유한 암석층이 곳곳에 널려 있는 것으로 드러났다. 지구의 암석에 포함된 타이타늄은 약 1%에 불과하지만, 달의 암석에 포함된 타이타늄은 10%나 된다.

복잡한 제련 과정

타이타늄은 대부분의 화성암(마그마가 식으면서 굳어진 암석)에 들어 있어. 모래를 한 줌 쥐면, 그 속에는 타이타늄이 조금이라도 들어 있을 거야. 순수한 타이타늄은 이산화 타이타늄이 주성분인 타이타늄 광석을 제련해서 얻어. '크롤법'이라는 제련법을 사용하는데, 먼저 타이타늄을 많이 함유한 모래를 탄소와 염소 기체와 함께 가열해 사염화 타이타늄을 만들어. 그러고 나서 액체 상태의 사염화 타이타늄을 아르곤 기체 속에서 마그네슘과 반응시키면 순수한 타이타늄 금속을 얻을 수 있어.

여러 가지 용도

타이타늄은 가격이 비싸지만 가벼우면서도 아주 단단해서 로켓과 제트 기관의 재료로 쓰일 뿐만 아니라, 자전거 프레임, 골프채, 롤러스케이트 같은 스포츠 장비에도 많이 쓰여. 알레르기 반응도 거의 일으키지 않아서 몸에 장신구로 걸치고 다녀도 안전할 뿐만 아니라, 인공 관절이나 머리뼈를 대체하는 금속판으로 사람의 몸속에 들어가기도 해. 체액에 쉽게 분해되지 않고, 뼈가 자라면서 타이타늄 이식물에 잘 적응해 들러붙기 때문이야.

이산화 타이타늄

타이타늄이 산소와 결합하면 이산화 타이타늄이 만들어지는데, 이산화 타이타늄도 다양한 용도로 쓰여. 흰색의 불투명한 가루 형태로 물감, 페인트, 종이, 코팅제 등에 두루 쓰여. 이산화 타이타늄을 섞은 종이는 불투명도가 높아 잉크가 종이 뒤쪽으로 잘 비쳐 보이지 않아. 이산화 타이타늄은 빛을 굴절시키고 자외선을 흡수해 피부를 보호하는 기능이 있어서 자외선 차단제의 주성분으로도 쓰여.

23 V 바나듐 VANADIUM

바나듐은 그 자체로도 단단한 금속이지만, 다른 금속과 섞어 더 우수한 합금으로 만들 수 있어. 은빛 광택이 나는 바나듐을 강철과 섞으면, 훨씬 단단하고 가벼운 바나듐강이 돼. 헨리 포드가 세계 최초로 대량 생산에 성공한 자동차인 T형 포드를 내놓을 수 있었던 것도 바나듐강 덕분이라고 할 수 있어.

종류: 전이 금속
발견된 해: 1801년
발견한 사람: 안드레스 마누엘 델 리오
　　　　　　　(스페인 출신의 멕시코 과학자)
흥미로운 사실: 바나듐이란 이름은 북유럽 신화에 나오는 여신 바나디스에서 딴 이름이다. 바나디스는 두 마리의 고양이가 끄는 전차를 타고 다녔다.

바나듐의 용도

강철에 바나듐을 0.15%만 첨가해도 훨씬 단단하고 가벼운 합금인 바나듐강이 돼. 바나듐강은 고온에서도 단단한 성질을 유지하기 때문에 무기나 도구의 재료로 쓰기에 아주 좋아. 옛날의 금속 세공인들은 바나듐 합금을 칼과 검의 날을 만드는 데 썼지. 특히 다마스쿠스강이라는 합금으로 만든 검은 그 당시의 어떤 검보다 단단하고 예리했어. 오늘날 바나듐은 드릴 날, 렌치, 펜치 같은 연장을 만드는 합금에도 쓰여.

24 Cr 크로뮴 CHROMIUM

크로뮴(크롬)은 단단하고 반짝이는 광택이 나며, 내식성(부식에 견디는 성질)이 강해. 1950년대와 1960년대에는 자동차와 오토바이의 금속 범퍼와 바퀴 테두리를 광이 번쩍번쩍 나는 재료로 만드는 게 유행이었어. 그때 크로뮴이 그 재료로 인기가 높았지. 순수한 크로뮴은 광택이 눈부실 뿐만 아니라, 그 아래의 금속이 부식하지 않도록 보호해 줘. 그래서 강철이나 니켈 같은 금속에 얇게 피막을 씌우는 데에도 쓰여.

종류: 전이 금속
발견된 해: 1797년
발견한 사람: 니콜라 루이 보클랭(프랑스 화학자)
흥미로운 사실: '크롬 옐로'라는 안료는 크로뮴산 납으로 만드는데, 독성이 발견되기 전까지 미국의 통학 버스를 칠하는 데 쓰였다. 지금도 미국의 통학 버스는 노란색이지만, 독성이 없는 페인트를 사용한다.

다채로운 색깔을 만드는 원소

크로뮴이란 이름은 '색'을 뜻하는 그리스어 단어 '크로마'에서 유래했어. 순수한 형태의 크로뮴은 회색 금속인데, 왜 이런 이름이 붙었을까? 크로뮴을 다른 원소와 섞으면, 삼산화 크로뮴의 암적색, 삼산화 이크로뮴의 짙은 초록색, 무수 염화 크로뮴의 보라색 등 다양한 색을 낼 수 있어. 이 안료들은 18세기부터 물감과 염료를 만드는 데 쓰였지. 루비, 에메랄드, 알렉산드라이트 같은 보석이 지닌 특유의 색깔도 바로 크로뮴에서 나와.

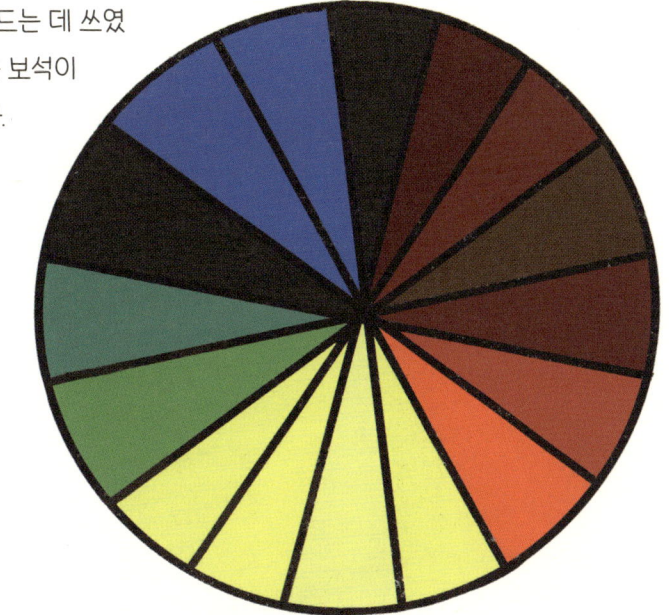

망가니즈 MANGANESE
25 Mn

망가니즈(망간)는 단단하지만 부서지기 쉬운 회색 금속으로, 다양한 광물에 들어 있어. 바닷물 속에는 산화 망가니즈의 형태로 녹아 있는데, 수백만 년이 넘는 시간이 흐르는 동안 쌓인 망가니즈 침전물이 깊은 해저에 가라앉아 거대한 층을 이루고 있어.

종류: 전이 금속
발견된 해: 1774년
발견한 사람: 요한 고틀리에브 간(스웨덴 화학자)
흥미로운 사실: 1만 7000년 이전에 인류의 조상들은 검은색 산화 망가니즈 안료를 사용해 동굴 벽화를 그렸다.

강철을 단단하게 만드는 원소

채굴되는 망가니즈 중 약 90%는 강철을 만드는 데 쓰여. 강철을 산업적으로 처음 생산하기 시작했을 때, 강철을 필요한 모양으로 가공하는 과정에서 강철이 부러지는 문제가 자주 일어났어. 기술자들은 강철에 망가니즈를 소량 첨가하면, 산소와 황이 제거되어 더 단단하면서 전성(금속을 두드리면 얇게 펴지는 성질)이 좋은 강철을 만들 수 있다는 사실을 발견했지. 망가니즈를 첨가한 강철은 내구성이 좋아 철도 레일과 교도소 철창 재료로 쓰여.

우리 몸에 좋은 망가니즈

망가니즈는 우리 몸에도 좋은 일을 많이 하는 원소야. 뼈를 건강하게 만들고, 대사 활동을 돕고, 결합 조직을 만들고, 칼슘을 흡수하고, 혈당을 조절하고, 지방과 탄수화물을 대사하는 등의 많은 일을 해. 망가니즈는 곡물, 견과, 채소 등을 통해 섭취할 수 있어.

구석기 시대에 그려진 라스코 동굴 벽화.

우리 몸에 꼭 필요한 원소

우리 몸을 이루는 물질 중 99%는 여섯 가지 원소가 차지하고 있어. 바로 산소, 탄소, 수소, 질소, 칼슘, 인이야. 칼륨, 황, 나트륨, 염소, 마그네슘의 다섯 가지 원소는 약 0.85%를 차지해. 망가니즈, 아연, 아이오딘, 셀레늄, 크로뮴, 리튬, 몰리브데넘, 코발트는 아주 적은 양만 몸에 들어 있는데, 양은 적어도 우리의 건강에 꼭 필요한 원소들이야. 각 원소들이 우리 몸에서 차지하는 비중과 역할을 살펴보자.

산소 (65%)
음식물을 에너지로 바꾸는 데 꼭 필요하다.

탄소 (18.5%)
우리 몸의 세포를 만드는 기본 재료로 쓰인다.

수소 (9.5%)
영양분 운반, 노폐물 제거, 체온 조절, 그리고 에너지를 만드는 일을 돕는다.

질소 (3.3%)
단백질은 아미노산으로 만들어지는데, 질소는 아미노산의 핵심 성분이다.

칼슘 (1.5%)
뼈와 치아를 단단하고 강하게 만든다.

인 (1%)
인은 우리 몸에서 세포와 조직의 성장과 재생을 돕는다.

칼륨 (0.4%)
신경계에서 전기 신호의 전달을 돕고, 체내 수분의 균형을 유지한다.

황 (0.3%)
아미노산이 서로 들러붙을 수 있는 장소를 제공해 연골과 손발톱·털·피부의 케라틴 단백질 생성을 돕는다.

염소 (0.2%)
신경 신호의 전달을 돕고, 위액을 만든다.

나트륨 (0.2%)
신경계에서 전기 신호의 전달을 돕고, 체내 수분의 양을 조절한다.

마그네슘 (0.1%)
골격과 근육 구조를 만드는 데 중요한 역할을 하고, 에너지를 세포로 보내는 일을 돕는다.

철 IRON

26 Fe

철은 지구에서 가장 풍부한 원소야. 지구의 핵을 이루는 물질 중 약 80%는 액체 상태의 철이야. 철은 천연 자성을 띠는 특징이 있어. 순수한 형태의 철은 무른 회색 금속인데, 철은 반응성이 아주 강해서 공기나 물에 닿으면 녹이 슬어. 많은 사람들은 붉은색의 녹을 철과 같은 것으로 여기는데, 사실은 녹과 철은 같은 것이 아니야. 철은 대부분 산화 철의 형태로 존재하는데, 녹은 산화 철이 물과 결합한 산화 철 수화물이야.

종류: 전이 금속
발견된 해: 선사 시대
발견한 사람: 알 수 없음
흥미로운 사실: 지구에는 화성과 같은 질량의 행성을 3개나 만들 만큼 철이 매우 많이 있다.

지구 자기장을 만들어 내는 철

철은 지구 자기장을 만들어 내. 지구 핵에 있는 액체 상태의 철이 빙빙 돌면서 전류가 생겨나는데, 이 전류가 자기장을 만들어 내지. 지구 자기장은 우주 공간으로 수만 km나 뻗어 있어. 지구를 둘러싸고 있는 지구 자기장은 태양에서 방출되는 태양풍이 지구의 대기권을 휩쓸어 가지 않도록 보호해 줘.

제련 과정

자연에 존재하는 순수한 철은 주로 우주에서 떨어진 운석에서 발견돼! 철은 대개 철광석에서 추출하는데, 이 과정을 제련이라고 해. 철광석을 탄소(주로 석탄), 석회석과 함께 뜨거운 용광로에 넣고 녹여. 철광석이 녹을 때 탄소와 석회석이 불순물을 제거하고 순수한 철이 남게 되지.

우리 몸에서 철이 하는 일

철은 산소를 운반하는 적혈구의 핵심 성분인 헤모글로빈을 만드는 데 쓰여. 혈액이 산소를 운반해야 세포들이 에너지를 만들 수 있어. 만약 철이 부족하면 빈혈을 일으킬 수 있어. 빈혈이 일어나면, 어지럽고 기운이 없는 증상이 나타나. 철은 채소, 곡물, 육류, 달걀 등에 많이 들어 있어.

하늘이 내린 선물

인류는 적어도 5000년 전부터 철을 사용해 왔어. 먼 옛날 사람들은 철이 지구에 풍부하게 존재하는 줄 몰랐어. 하늘에서 떨어진 운석에서만 철을 얻을 수 있었기 때문에, 철을 신이 보낸 선물로 생각해 아주 소중하게 여겼지. 고대 이집트인은 철을 천상의 금속이라고 불렀어.

종이 클립부터 고층 건물까지

철은 녹이 잘 슬어서 다른 금속과 섞어서 사용하는 경우가 많아. 철을 다른 금속과 섞은 합금은 탄성이 좋고, 다양한 형태로 만들 수 있지. 그래서 철은 지구에서 아주 다양한 용도로 사용하는 물질이 되었어. 철 합금은 튼튼한 다리, 고층 건물, 컨테이너선처럼 거대한 구조물뿐만 아니라, 자동차와 일반적인 도구, 심지어 종이 클립을 만드는 데에도 쓰여.

27 Co 코발트 COBALT

코발트는 단단한 은백색 금속이야. 몇 안 되는 강자성 원소이기도 해. 강자성은 외부의 자기장을 없애더라도 물질에 생긴 자성이 그대로 남아 있는 성질을 말해. 코발트는 자신은 변하지 않으면서 다른 물질의 화학 반응을 촉진하는 촉매로도 쓰여.

종류: 전이 금속
발견된 해: 1735년
발견한 사람: 예오리 브란드트(스웨덴 화학자)
흥미로운 사실: 고대 이집트인은 코발트 블루 물감을 사용해 투탕카멘 왕의 무덤을 색칠했다.

이름의 유래

중세에 독일에서는 은광에서 캔 광석을 불로 녹여 제련했어. 그런데 그 과정에서 가끔 독성이 있는 연기가 나왔어. 독가스를 마신 사람들은 건강이 나빠졌지. 독가스의 정체는 코발트 광석에서 나온 비화 코발트(코발트와 비소의 화합물)였어. 사람들은 요괴가 한 짓이라고 생각해 그 물질을 독일어로 요괴라는 뜻의 '코볼트'라 불렀는데, 이것이 나중에 '코발트'가 되었어.

이로운 용도로 쓰이는 방사능

순수한 형태의 코발트(코발트-59)는 방사성 원소가 아니지만, 인공 동위 원소인 코발트-60에서는 감마선이 나와. 코발트-60은 원자로에서 인공적으로 만들어지는데, 여기서 나오는 감마선은 종양을 파괴하는 방사선 치료에 쓰여. 코발트-60은 의료 장비와 식품을 멸균하는 데에도 쓰이는데, 소량의 방사선을 쬐어 줌으로써 병균을 줄일 수 있어.

파란색 안료

과학자들이 코발트의 정체를 밝혀내기 전에 이미 고대 문명 사람들은 코발트를 예술 분야에서 사용했어. 코발트염은 도자기와 여러 물체를 장식하는 데 쓰였지. 산화 코발트를 알루미늄과 섞어 만든 코발트 블루는 지금도 변색되지 않는 안료, 유리 착색제, 물감 재료로 널리 쓰이고 있어.

코발트 화합물

코발트는 주기율표의 많은 이웃 원소들처럼 강철 합금에 들어가는 성분으로 쓰여. 코발트강 합금은 아주 단단해서 드릴, 제트 기관의 블레이드, 고온에서도 파괴되지 않는 물체를 만드는 데 쓰여.

28 Ni 니켈 NICKEL

니켈은 은백색의 단단한 금속이야. 강도, 내열성, 내식성, 강자성, 연성(가늘게 뽑아 철사로 만들 수 있는 성질)이 뛰어나. 이런 성질 때문에 니켈은 자동차, 배, 비행기 부품뿐만 아니라, 동전, 기타 현, 토스터 열선 등 아주 다양한 곳에 쓰이고 있어.

종류: 전이 금속
발견된 해: 1751년
발견한 사람: 악셀 프레드리크 크론스테드트(스웨덴 화학자)
흥미로운 사실: 미국의 5센트짜리 동전은 '니켈'이라고 불리는데, 사실은 구리 75%와 니켈 25%를 섞어 만든 합금이다.

악마의 구리

니켈이라는 이름은 17세기에 지어졌는데, 사실은 사람들의 오해로 붙은 이름이야. 구리 광석을 찾던 독일 광부들이 구리 광석과 비슷한 적갈색 암석을 발견했어. 하지만 광석을 제련해도 구리가 나오지 않았어. 미신을 믿던 광부들은 악마 중 하나인 '니켈'이 광석에서 구리를 훔쳐 갔다고 생각했지. 그래서 그 광석을 '악마의 구리'란 뜻으로 '쿠퍼니켈'이라고 불렀어. 광부들이 파낸 적갈색 암석의 정체는 니켈과 비소가 섞인 홍비니켈광이었어.

다른 금속을 돕는 해결사

니켈은 다른 금속의 질을 개선하는 데 도움을 줘. 무른 금속 표면에 니켈을 얇은 보호막으로 코팅하면, 금속의 수명을 늘릴 수 있고, 칙칙한 금속에 광택을 더해 주지. 니켈과 구리를 섞어 만든 합금을 '백통'이라고 부르는데, 이 합금은 바닷물에 부식하지 않기 때문에 선박 부품에 쓰여.

우주에서 온 니켈

지구에 존재하는 니켈 중 상당량은 거대한 운석들에 실려 온 것으로 보여. 이런 운석 중에는 에베레스트산만 한 크기도 있었어. 니켈을 많이 포함한 혜성도 있는데, 18억 년 전에 산만큼 커다란 혜성이 캐나다 온타리오주에 충돌한 흔적이 남아 있어.

5센트 동전

알쏭달쏭한 원소 기호

주기율표에는 원소 기호가 어디에서 유래했는지 짐작하기 어려운 원소들이 있어.
하지만 이런 원소들도 대개 합리적이고 체계적인 방식에 따라 이름이 정해졌어.
나머지는 대부분 과학계에서 사용하는 그리스어와 라틴어 이름을 따서 지은 거야.
시간이 지나면서 이름이 달라진 원소도 있어.

나트륨 Na
탄산 나트륨을 가리키는 라틴어 나트리움(natrium)에서 유래했다.

철 Fe
철을 가리키는 라틴어 페룸(ferrum)에서 유래했다.

칼륨 K
잿물(탄산 칼륨)을 가리키는 중세 라틴어 칼리움(kalium)에서 유래했다. 식물을 태운 재와 물의 혼합물인 잿물은 비료로 흔히 쓰였다.

구리 Cu
'키프로스섬'을 가리키는 라틴어 쿠프룸(cuprum)에서 유래했다. 고대 로마 시대에 구리는 키프로스섬에서 채굴되었다.

은 Ag
은을 가리키는 라틴어 아르겐툼(argentum)에서 유래했다.

안티모니 Sb
라틴어 스티비움(stibium)에서 유래했다. 스티비움은 유일한 천연 황화 안티모니 광물을 가리키는 단어였다.

금 Au
금을 가리키는 라틴어 아우룸(aurum)에서 유래했다.

주석 Sn
라틴어 스탄눔(stannum)에서 유래했다. 처음에는 은과 납의 합금을 가리키는 말이었지만, 나중에 주석을 가리키게 되었다.

텅스텐 W
텅스텐을 가리키는 독일어 볼프람(wolfram)에서 유래했다. 볼프람은 원래 '늑대의 거품'이라는 뜻인데, 광부들이 제련 과정에서 텅스텐이 주석을 늑대처럼 게걸스럽게 집어삼킨다고 생각했기 때문이다.

수은 Hg
'액체 은'을 가리키는 라틴어 히드라르기룸(hydrargyrum)에서 유래했다.

납 Pb
납을 가리키는 라틴어 플룸붐(plumbum)에서 유래했다.

29 Cu 구리 COPPER

구리는 무르고 잘 펴지고 쉽게 늘일 수 있는 금속이야. 열과 전기가 잘 통하는 도체이기도 해. 구리는 반응성이 강하지 않아서 자연계에서 순수한 형태로 발견되는 몇 안 되는 원소야. 부식이 잘 일어나지 않지만, 시간이 지나면 공기와 반응해 표면에 푸른빛의 탄산 구리 막이 생겨. 이것을 '녹청(綠靑)'이라고 해. 미국에 있는 자유의 여신상이 푸른색으로 보이는 것도 구리 표면을 뒤덮은 녹청 때문이야.

종류: 전이 금속
발견된 해: 선사 시대
발견한 사람: 알 수 없음
흥미로운 사실: 지각 아래 1km 깊이까지는 구리가 많이 묻혀 있다. 현재의 채굴 속도로 구리를 파내더라도 적어도 100만 년은 쓸 수 있는 양이다.

유용한 구리 합금
구리는 다른 금속과 섞어 더 강한 합금을 만드는 데 쓰여. 대표적인 구리 합금으로는 청동과 황동(놋쇠)이 있어. 청동은 구리와 주석의 합금이고, 황동은 구리와 아연의 합금이야.

아주 오래전부터 사용된 구리
고고학자들은 이라크에서 기원전 8700년경에 만들어진 구리 펜던트를 발견했어. 이것은 인류가 적어도 1만 년 전부터 구리를 채굴하고 사용해 왔다는 뜻이야. 또 고고학자들이 고대 이집트의 배관 설비에서 발견한 구리관은 5000년이 지났는데도 아주 멀쩡한 상태로 남아 있었어!

구리의 놀라운 성질
구리는 은 다음으로 전도성이 높은 금속이야. 이 때문에 구리는 전선을 만드는 데 쓰이고 있어. 채굴되는 구리 중 약 60%가 전기 배선에 쓰이지. 구리는 또한 세균의 번식을 막는 성질이 있어. 일부 세균은 구리를 만나면 구리 원자를 흡수하는데, 구리 원자는 세균의 기능을 망가뜨려서 몇 시간 만에 세균을 죽게 만들거든. 병원에서 문손잡이를 구리로 만들면 세균 감염을 막는 데 도움이 돼.

효소를 만드는 구리
구리는 모든 생물이 살아가는 데 꼭 필요해. 구리는 우리 몸의 단백질과 결합해 효소를 만들어. 이 효소들은 세포의 에너지 생산, 결합 조직 유지, 피부의 멜라닌 색소 변화와 같은 일을 도와줘. 구리는 생선, 육류, 견과, 씨를 통해 섭취할 수 있어.

30 Zn 아연 ZINC

아연은 광택이 나는 청백색 금속이야. 자연에서는 순수한 형태로 존재하지 않지만, 많은 광물에 섞여 있어.

종류: 전이후 금속
발견된 해: 1746년
발견한 사람: 안드레아스 마르그라프 (독일 화학자)
흥미로운 사실: 미국 사람들의 호주머니 속에는 아연이 들어 있을지 모른다! 미국의 1센트짜리 동전은 아연 97.5%와 구리 2.5%의 합금으로 만든다.

미국의 1센트 동전.

우리 몸에 꼭 필요한 아연

아연은 우리 몸에 꼭 필요한 원소야. 우리 몸에는 아연에 의존해 성장과 소화, 면역계, 생식 능력을 조절하는 효소가 300가지도 넘게 있거든! 아연은 붉은 고기, 치즈, 굴, 양조효모, 메이플 시럽에 많이 들어 있어. 몸에 아연이 부족하면 성장하는 데 지장이 생길 수 있어.

다양한 곳에서 활약하는 아연

아연은 산소와 결합해 산화 아연이라는 화합물을 만들어. 흰색 가루 형태의 이 화합물은 샴푸, 냄새 제거제, 화장품, 기저귀 발진 크림 등에 쓰여. 산화 아연은 자외선을 흡수하는 성질이 있어 자외선 차단제에도 쓰이지. 아연을 첨가한 고무는 단단해져서 부츠와 타이어 재료로 쓰기에 좋아. 그리고 다른 금속 표면에 아연을 도금하면 금속의 부식을 막을 수 있지.

31 Ga 갈륨 GALLIUM

갈륨은 은빛의 무른 금속으로, 30°C에서 녹아. 그래서 갈륨을 손에 올려놓으면 녹아서 액체로 변해. 갈륨에 닿은 피부는 갈색으로 변해. 독성은 없으니까 크게 걱정하지 않아도 돼!

종류: 전이후 금속
발견된 해: 1875년
발견한 사람: 폴에밀 르코크 드 부아보드랑(프랑스 화학자)
흥미로운 사실: 얼음이 물 위에 뜨는 것처럼 고체 갈륨도 액체 갈륨 위에 둥둥 뜨는데, 액체가 고체보다 밀도가 더 높기 때문이다.

이름에 담긴 뜻

아연 광석에서 최초로 갈륨을 분리한 프랑스 화학자는 이 원소에 조국의 이름을 붙였어. 오늘날의 프랑스 지역을 옛날에는 라틴어로 '갈리아'라고 불렀지. 하지만 일부 역사학자들은 르코크 드 부아보드랑이 이 원소에 교묘하게 자신의 이름을 붙였다고 생각해. '르 코크'는 프랑스어로 '수탉'이란 뜻인데, 수탉은 라틴어로 '갈루스'거든.

다양한 용도

갈륨은 30°C에서 녹지만, 끓는점은 약 2200°C야. 금속 중에서 액체 상태로 존재하는 온도 범위가 가장 넓지. 그래서 갈륨은 녹은 금속의 온도를 재는 고온용 온도계에 쓰여. 갈륨은 LED 조명, 블루레이 레이저, 우주선의 태양 전지판, 반도체 결정에도 들어가. 갈륨 반도체는 실리콘 반도체보다 작동 속도가 훨씬 빨라서 휴대 전화를 포함한 전자 기기에 많이 쓰여.

32 Ge 저마늄 GERMANIUM

저마늄은 나라 이름을 따서 붙인 첫 번째 원소야. 저마늄을 발견한 클레멘스 빙클러의 조국이 독일인데, 독일 지역을 옛날에는 라틴어로 '게르마니아'라고 불렀거든. 그래서 이 원소에 게르마늄이란 이름을 붙였는데, 영어식으로 읽으면 저마늄이 되지. 저마늄은 희귀한 은빛의 준금속이야. 자연에서는 순수한 형태로 발견되지 않아. 주로 아연과 구리를 제련하는 과정에서 부산물로 나오지.

종류: 준금속
발견된 해: 1886년
발견한 사람: 클레멘스 빙클러(독일 화학자)
흥미로운 사실: 저마늄은 얼면 부피가 팽창하는 아주 드문 원소 중 하나이다.

빛 신호를 전달하는 광섬유

이산화 저마늄은 유리와 섞으면 놀라운 능력을 발휘해. 넓은 범위에서 들어오는 빛을 렌즈 속으로 굴절시키기 때문에 카메라의 광각 렌즈와 현미경의 대물렌즈 등에 유용하게 쓰이지. 이것 말고도 저마늄은 독특한 능력이 있어. 저마늄은 불투명한 물질이지만, 우리 눈에 보이지 않는 적외선을 그냥 통과시키기 때문에 광섬유 재료로 아주 이상적이야. 가늘고 유연한 유리 섬유인 광섬유는 전기 통신에서 빛 신호를 전달하는 데 쓰여. 이산화 저마늄과 이산화 규소를 합쳐 만든 유리로 광섬유를 만들어. 광섬유는 오늘날 전 세계 사람들을 서로 연결하는 광 통신을 가능하게 하지.

33 As 비소 ARSENIC

모든 형태의 비소는 독성이 있지만, 사람들은 먼 옛날부터 비소를 장식용과 의료용을 포함해 다양한 용도로 사용해 왔어. 오늘날 비소는 그 치명적인 독성을 활용해 여러 곳에 쓰이는데, 비소 화합물은 주로 쥐약과 살충제에 쓰여.

종류: 준금속
발견된 해: 1250년경
발견한 사람: 알베르투스 마그누스(독일 연금술사)
흥미로운 사실: 나폴레옹의 머리카락을 분석한 결과, 나폴레옹이 세상을 떠난 1821년에 몸속에 비소가 정상 수치보다 100배나 많이 들어 있었던 것으로 밝혀졌다. 하지만 나폴레옹이 독살을 당했는지, 아니면 비소 중독의 위험성이 있는 환경 때문에 죽었는지는 알 수 없다.

위험한 초록색 벽지

비소는 초록색 염료를 만드는 데에도 쓰였어. 19세기에는 윌리엄 모리스라는 디자이너가 파리 그린이라는 화려한 초록색 염료를 사용한 벽지를 널리 유행시켰지. 그런데 불행하게도 이 벽지는 습기에 노출되면, 곰팡이가 생기면서 비소와 결합해 독성 기체를 내뿜었어. 독성 물질 때문에 사람들이 병들거나 죽어 갔지. 나폴레옹도 유배 생활을 하는 동안 초록색 벽지로 도배된 방에서 지냈는데, 이 벽지의 초록색 염료에도 비소 성분이 들어 있었을 거라는 이야기가 있어.

나폴레옹 보나파르트(1769~1821). 19세기 초 프랑스의 황제.

34 Se 셀레늄 SELENIUM

셀레늄은 그리스 신화에 나오는 달의 여신 셀레네의 이름에서 땄어. 셀레늄은 자연계에서 순수한 형태로는 거의 존재하지 않아. 대신에 여러 형태의 화합물로 흙 속에서 발견되지. 셀레늄은 물이나 일부 식품에도 들어 있는데, 무척 다행한 일이야. 건강을 위해서는 소량의 셀레늄을 꼭 섭취해야 하거든.

종류: 반응성 비금속
발견된 해: 1817년
발견한 사람: 옌스 야코브 베르셀리우스(스웨덴 화학자)
흥미로운 사실: 셀레늄은 냄새가 고약한 원소로 유명하다. 셀레늄은 스컹크의 분비물이 역겨운 냄새를 내는 원인 중 하나이다.

과하면 독이 되는 원소

냄새는 고약하더라도 극소량의 셀레늄은 사람과 동물의 건강에 중요한 성분이야. 하지만 그 양이 너무 많으면 독성이 나타나니 주의해야 해. 적정량의 셀레늄은 갑상샘의 기능을 돕고, 항산화 성질이 있어서 세포의 손상을 막아 줘. 하지만 몸속에 셀레늄이 너무 많으면, 입 냄새, 탈모, 메스꺼움 등의 증상이 나타나지. 소가 가끔 먹는 풀 중에 셀레늄이 많이 들어 있는 '로코초'라는 풀이 있는데, 이 풀을 많이 먹은 소는 멍하니 딴 곳을 바라보거나 방향 감각을 잃는 등 이상한 행동을 해.

다양한 용도

셀레늄은 유리와 도자기의 안료로 쓰여. 어떤 셀레늄 화합물은 유리의 색을 없애고, 또 다른 셀레늄 화합물은 유리에 짙은 빨간색을 더해 주지. 셀레늄은 빛의 세기에 반응하는 장비에 유용하게 쓰여. 빛이 밝을수록 셀레늄은 전기 전도성이 더 좋아지는데, 그래서 계산기뿐만 아니라 카메라와 복사기의 노출계에 들어가는 광전지에 쓰여.

달의 여신 셀레네.

35 Br 브로민 BROMINE

적갈색 액체인 브로민은 미치광이 과학자의 실험실에서 날 것 같은 매우 불쾌한 냄새를 풍기지만, 아주 유용하게 쓰이는 원소야. 순수한 브로민은 반응성이 강해. 상온에서 액체인 원소는 수은과 브로민 둘뿐이야. 브로민은 59°C에서 증발해 냄새가 고약한 기체로 변하는데, 유독한 증기도 함께 나와. 브로민이라는 이름도 그리스어로 악취를 뜻하는 '브로모스'에서 유래했어.

종류: 반응성 비금속
발견된 해: 1826년
발견한 사람: 앙투안제롬 발라르(프랑스 화학자)
흥미로운 사실: 브로민 원자는 오존층을 파괴한다. 남극 대륙의 오존층에서 사라진 오존 중 약 절반은 우리가 사용한 브로민 때문에 파괴되었다.

뛰어난 살균 능력

브로민은 수영장 물을 살균하는 데 쓰여. 브로민으로 살균한 수영장에 뛰어든 사람은 익숙한 염소 냄새를 기대했다가 입 안에 퍼지는 짠맛에 당황할 수 있어. 따뜻한 물로 채운 욕조에는 브로민이 염소보다 효과가 더 뛰어난데, 브로민은 높은 온도에서 염소보다 더 안전하기 때문이야.

불조심!

많은 나라에서는 파자마를 불이 붙지 않는 재질로 만들어야 한다고 법으로 정해 놓았는데, 옷을 브로민으로 처리하면 그 효과를 얻을 수 있어. 브로민화 수소산이 산소 원자와 결합해 파자마가 불타지 않게 해 주거든. 브로민으로 처리한 파자마를 입었다면, 촛불에 가까이 가더라도 안심할 수 있어. 물론 불은 항상 조심해야 한다는 사실을 잊어서는 안 돼.

고귀한 보라색 염료

사람들은 먼 옛날부터 브로민 화합물을 사용해 왔어. 고대 로마인은 지중해에 서식하는 뿔고둥의 점액이 공기를 만나면 자주색으로 변한다는 사실을 발견했어. 훗날 이 뿔고둥의 점액에는 해저를 기어 다니면서 흡수한 브로민이 들어 있다는 사실이 밝혀졌지. 로마인은 이 점액에서 얻은 '티리언 퍼플'이라는 염료로 그들이 입던 토가를 염색했어. 티리언 퍼플은 사제와 왕의 옷을 염색하는 데 쓰였고, 색이 강렬하고 좀처럼 변하지 않는 성질 때문에 귀하게 여겨졌어.

뿔고둥과 보라색 토가.

36 Kr 크립톤 KRYPTON

크립톤은 그리스어 크립토스에서 딴 이름인데, '크립토스'는 '숨겨진 것'이란 뜻이야. 크립톤은 색과 냄새도 없고 다른 원소와 반응하지 않으면서 그 모습을 잘 드러내지 않는 비활성 기체 중 하나야. 크립톤은 대기 중 농도가 1ppm밖에 되지 않아 숨겨진 것이라는 이름이 잘 어울려.

종류: 비활성 기체
발견된 해: 1898년
발견한 사람: 윌리엄 램지와 모리스 트래버스(둘 다 영국 화학자)
흥미로운 사실: 슈퍼맨의 고향인 크립톤 행성과 그의 초능력을 빼앗는 초록색 크립토나이트는 실제 크립톤 원소하고는 아무 관계도 없다. 이 만화를 그린 작가는 그저 멋진 이름이 필요해서 크립톤이란 이름을 빌린 것으로 보인다.

세상을 밝히는 빛

다른 비활성 기체와 마찬가지로 크립톤도 전류를 흘려 주면 빛을 내. 크립톤은 아주 밝은 흰색 빛을 내뿜는데, 이 빛은 카메라 플래시 전구와 섬광등에 유용하게 쓰여. 크립톤은 플루오린과 결합해 레이저를 만드는 데에도 쓰여.

37 Rb 루비듐 RUBIDIUM

루비듐이란 이름을 듣고서 이 원소가 루비처럼 빨간색일 거라고 생각한 사람도 있겠지만, 루비듐은 은색이야. 이름이 '짙은 빨간색'이라는 뜻의 라틴어에서 유래한 것은 사실이지만, 스펙트럼에서 빨간색 선이 두드러지게 나타나기 때문에 붙은 이름이야. 같은 족에 있는 다른 금속들처럼 루비듐도 공기와 접촉하면 불이 붙고, 물과 격렬하게 반응해. 이렇게 반응성이 강하기 때문에 석유나 파라핀유에 담가서 보관하거나 비활성 기체로 채운 밀봉 유리 용기에 넣어서 보관해야 해. 루비듐은 희귀한 원소여서 찾기가 어려워. 광물 속에 아주 적은 양만 들어 있어.

종류: 알칼리 금속
발견된 해: 1861년
발견한 사람: 로베르트 분젠(독일 화학자)과 구스타프 키르히호프 (독일 물리학자)
흥미로운 사실: 루비듐은 폭죽에서 자주색과 빨간색이 섞인 빛을 내는 데 쓰인다.

주요 용도

루비듐은 주로 진공관(진공 상태의 유리관 속에 전극을 넣어 만든 전자관)에 들어가는 '게터'라는 물질을 만드는 재료로 쓰여. 게터는 진공관 안에 남아 있을지 모르는 기체 분자를 흡수하는 역할을 해. 루비듐 원자는 빛에 민감해서 빛 에너지를 전기로 바꾸는 광전지에도 쓰여.

38 Sr 스트론튬 STRONTIUM

스트론튬은 회색이지만 공기와 접촉하면 노란색으로 변해 금처럼 보여. 스트론튬은 반응성이 강해서 다른 광물에 섞여서 발견돼.

종류: 알칼리 토금속
발견된 해: 1790년
발견한 사람: 아데어 크로퍼드와 윌리엄 크룩섕크 (둘 다 영국 화학자)
흥미로운 사실: 염화 스트론튬은 민감한 치아용 치약 성분으로 쓰인다. 염화 스트론튬이 시린 치아나 잇몸 문제로 노출된 치아 부분을 덮어 보호해 준다.

해로운 스트론튬과 무해한 스트론튬

천연 스트론튬은 안정적이고 무해하지만, 인공 동위 원소인 스트론튬-90은 방사능이 있어. 이것은 20세기 중엽에 원자 폭탄 폭발의 부산물로 생겨났지. 스트론튬-90은 해로운 방사선을 방출하기 때문에 사람에게 아주 위험해. 칼슘과 화학적 성질이 비슷해서 우리 몸의 뼈에 축적되어 암을 일으키지. 하지만 방사능이 없는 보통 스트론튬은 칼슘처럼 인체에 무해하며, 뼈를 튼튼하게 하는 보조제로도 사용돼.

스트론튬 화합물

스트론튬이 다른 원소와 결합한 화합물은 여러 가지 용도로 쓰여. 알루민산 스트론튬은 주변의 빛을 흡수하는 성질이 있어 어둠 속에서 빛이 나는 발광 물감을 만드는 데 쓰여. 탄산 스트론튬은 폭죽에서 빨간색 빛을 내는 데 쓰이지. 산화 철을 포함한 자석에 스트론튬을 첨가하면, 자석의 자력이 더 강해져. 이 강한 자석은 스피커에 쓰여.

천연으로 산출되는 황산 스트론튬. 황산 스트론튬은 더 유용한 스트론튬 화합물을 만드는 데 쓰인다.

39 Y 이트륨 YTTRIUM

은빛 금속광택이 나는 이트륨은 공기 중에서 안정된 상태로 존재하지만, 자연에서 순수한 형태로는 절대로 발견되지 않아. 이트륨 금속 부스러기는 온도가 400°C를 넘으면 공기 중에서 불이 붙지만, 현실에서 그렇게 높은 온도에 이르는 경우는 매우 드물지.

종류: 전이 금속
발견된 해: 1794년
발견한 사람: 요한 가돌린(핀란드 화학자)
흥미로운 사실: 과학자들은 이트륨의 방사성 동위 원소를 30가지 이상 발견했어. 그중 하나인 이트륨-90은 암세포에 달라붙어 암세포를 죽이기 때문에 암 치료에 중요하게 쓰인다.

달까지 날아가는 레이저

1969년부터 1972년까지 아폴로 우주 비행사들이 달에서 암석을 채취해 가져왔어. 월석에는 이트륨이 들어 있었는데, 지구의 암석보다 더 많이 들어 있었어. 이트륨 알루미늄 가넷(YAG)은 레이저 기술에 쓰이는데, 이 결정에 에너지를 가하면 강한 레이저를 얻을 수 있어. 이 레이저로 금속을 자를 수 있고, 여기서 나오는 아주 밝은 빛은 달까지 오갈 수 있어서 인공위성의 위치를 파악하는 데 쓰여.

달에서 가져온 월석에 이트륨이 들어 있었다.

지르코늄 ZIRCONIUM
40 Zr

지르코늄의 어원인 지르콘은 '황금으로 만들어진'이라는 뜻의 페르시아어 '자르군'에서 유래했어. 지르코늄 결정이 황금색으로 빛나기 때문에 이런 이름이 붙은 거야. 하지만 순수한 지르코늄은 은백색이야.

> 종류: 전이 금속
> 발견된 해: 1789년
> 발견한 사람: 마르틴 하인리히 클라프로트(독일 화학자)
> 흥미로운 사실: 오스트레일리아의 해변들은 온통 지르콘 모래로 뒤덮여 있다.

다이아몬드처럼 영롱한 광채

지르코늄은 '모조 다이아몬드'로 유명해. 큐빅은 산화 지르코늄으로 만든 모조 다이아몬드인데, 다이아몬드만큼 영롱한 광채를 내뿜지. 영롱한 광채의 비밀은 지르코늄의 높은 굴절률에 있어. 지르코늄 결정 안으로 들어간 빛은 이리저리 반사되면서 결정 안에서 돌아다녀. 그러다가 마침내 결정에서 나올 때에는 빛이 다양한 방향으로 흩어지지. 그래서 지르코늄으로 만든 큐빅이 영롱하게 반짝이는 거야.

유리를 닮은 단단한 물질

산화 지르코늄 가루를 가열하면, 유리를 닮은 단단한 세라믹이 돼. 세라믹은 부식과 열에 강한데, 2715°C가 될 때까지 녹지 않아! 그래서 인공 치관(잇몸 밖으로 드러난 치아 부분)이나 우주선, 골프채, 제트 기관의 터빈 날개처럼 아주 튼튼한 재료가 필요한 곳에 쓰여.

핵분열에도 안전한 재료

지르코늄은 중성자를 흡수하지 않아 핵분열 반응(원자핵이 더 작은 부분들로 쪼개지면서 에너지와 중성자가 나오는 반응)이 일어나는 원자로 내부의 관들을 만드는 재료로 아주 좋아. 원자핵에서 나온 중성자는 지르코늄을 그냥 통과하기 때문에, 지르코늄은 방사성 물질로 변하지 않아.

41 Nb 나이오븀 NIOBIUM

나이오븀은 은색의 무른 금속으로, 유용한 성질이 몇 가지 있어. 나이오븀은 온도가 크게 올라가도 팽창하지 않아. 그래서 제트 기관 부품, 가스 터빈, 로켓 부품 등의 재료로 쓰여. 나이오븀은 부식에도 강해서 사람 몸과 접촉하는 심장 박동기, 수술 장비, 보석 등에도 쓰여.

종류: 전이 금속
발견된 해: 1801년
발견한 사람: 찰스 해칫(영국 화학자)
흥미로운 사실: 나이오븀은 환상적인 초전도성이 있어 MRI 장비와 질량 분석기의 초전도 자석을 만드는 데 쓰인다.

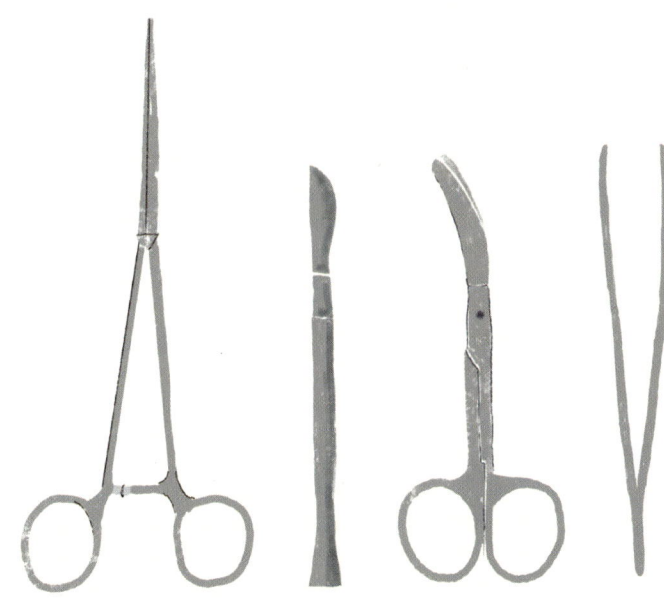

수십 년 동안의 수수께끼

찰스 해칫은 컬럼바이트라는 광물을 가지고 실험을 하다가 나이오븀을 발견했어. 먼저 컬럼바이트를 탄산 칼륨과 함께 가열하면서 물에 녹였지. 여기에 산을 넣어 산화물 가루를 얻었어. 해칫은 이 고체 물질에 큰 흥미를 느꼈는데, 그것이 새로운 원소일지도 모른다고 생각했어. 하지만 동료 과학자들은 그것이 탄탈럼이 아닐까 의심했어. 그 무렵에 같은 컬럼바이트 광물에서 탄탈럼 원소가 발견되었거든. 두 원소는 성질이 매우 비슷해서 과학자들은 수십 년 동안 확실한 결론을 내리지 못했어. 그러다가 1844년에 독일 화학자 하인리히 로제가 컬럼바이트에 탄탈럼과 나이오븀이 모두 들어 있으며, 둘이 서로 다른 원소임을 확실하게 입증하면서 수수께끼가 풀렸지.

42 Mo 몰리브데넘 MOLYBDENUM

몰리브데넘은 발음하기가 좀 어렵지? 잘 알려지지 않은 이 원소는 많은 곳에 유용하게 쓰이고 있어. 몰리브데넘이라는 특이한 이름은 '납'을 뜻하는 그리스어 '몰리브도스'에서 유래했어. 광부들이 한동안 이 어두운 색의 광물을 납이라고 오해했기 때문에 붙은 이름이야. 하지만 몰리브데넘은 납보다 훨씬 단단해.

종류: 전이 금속
발견된 해: 1781년
발견한 사람: 칼 빌헬름 셸레와 페테르 야코브 옐름(둘 다 스웨덴 화학자)
흥미로운 사실: 소련이 달에 보낸 우주 탐사선 루나 24호는 달에서 몰리브데넘 시료를 채취했다.

가볍고 단단한 재료
몰리브데넘은 미끄럽고 가벼우며 고온에서도 잘 견뎌. 가벼우면서도 튼튼해 다른 금속과 섞어 자전거 프레임, 자동차, 비행기, 로켓을 만드는 재료로 쓰이지. 가루로 가공해서 기름과 섞으면 훌륭한 윤활제가 되는데, 빠르게 움직이는 기계 엔진 부품에 쓰여.

우리 몸에 좋은 몰리브데넘
몰리브데넘은 적은 양이라도 독성이 있어. 하지만 모든 생물에게 중요한 원소야. 음식물을 에너지로 바꾸는 대사 과정에 관여하거든. 몰리브데넘은 우리가 먹는 식물을 통해 섭취할 수 있어. 식물은 흙에서 몰리브데넘을 흡수하지.

43 Tc 테크네튬 TECHNETIUM

테크네튬은 인공적으로 만든 최초의 원소야. 에밀리오 지노 세그레와 카를로 페리에르라는 두 과학자가 이 원소를 만들었어. 이름도 '인공의'라는 뜻의 그리스어 '테크네토스'에서 유래했어. 모든 테크네튬 동위 원소는 매우 불안정하여 금방 붕괴하기 때문에, 테크네튬은 지구에서 아주 희귀해. 지금까지 아주 극소량만 발견되었지. 별빛의 스펙트럼을 연구하는 천문학자들은 별에 미량으로 존재하는 테크네튬을 발견하기도 했어.

종류: 전이 금속
발견된 해: 1937년
발견한 사람: 에밀리오 세그레(이탈리아 출신의 미국 물리학자)와 카를로 페리에르(이탈리아 화학자)
흥미로운 사실: 테크네튬은 인공적으로 만든 최초의 원소이다.

생명을 구하는 방사선

테크네튬의 방사성 동위 원소 테크네튬-99를 면역계 단백질에 집어넣으면, 이 단백질이 암세포에 들러붙어 감마선을 방출해. 이 성질을 이용해 종양과 혈전, 그 밖의 신체 이상에 대한 영상을 얻을 수 있어.

천문학자들은 스펙트럼을 분석해 적색 거성에 테크네튬이 존재한다는 사실을 알아냈다.

44 Ru 루테늄 RUTHENIUM

루테늄이라는 이름은 러시아 서부 지역을 부르는 '루테니아'라는 라틴어 단어에서 유래했어. 루테늄이 러시아에서 처음 발견되었기 때문이지. 루테늄은 지구에서 희귀한 금속 중 하나로, 주기율표에서 값비싼 원소들이 모인 주기율표 제8족인 백금족 금속에 속하지. 백금족 금속은 희귀한 동시에 아주 유용해. 루테늄은 공기, 물, 산에 전혀 영향을 받지 않아. 부식에 매우 강하기 때문에 귀중한 금속으로 대우받지.

종류: 전이 금속
발견된 해: 1844년
발견한 사람: 카를 카를로비치 클라우스(러시아 화학자)
흥미로운 사실: 루테늄은 특정 빛을 흡수하는 성질이 있어 태양 전지를 만드는 데 유용하게 쓰인다.

아름답고 귀중한 금속

단단하고 아름다운 루테늄은 다른 보석에 혼합해 보석의 질을 높이는 데 쓰여. 다른 금속을 얇게 둘러싸 광채를 내게 하는 용도로도 쓰여. 또, 전기 회로, 칩 저항기, 고성능 자기 하드 드라이브 등을 만드는 화학적 공정에 촉매로 쓰이지.

파커 51 만년필 펜촉은 14캐럿짜리 금이지만, 끝부분은 루테늄 96.2%와 오스뮴 3.8%를 섞어 만든 합금이다.

원소 수집가 올리버 색스

주기율표에 실린 원소들을 수집하는 것이 취미인 사람들이 있어. 원소 수집가는 보물찾기 놀이처럼 원소 찾기 도전에 나서는 것을 즐기지. 신경과 의사이자 작가인 올리버 색스도 유명한 원소 수집가 중 한 명이었어.

색스는 어린 시절부터 원소에 큰 매력을 느꼈어. 색스는 《엉클 텅스텐》이란 책을 통해서 원소에 푹 빠져 살아온 이야기를 들려줬어. 원소에 대한 열정은 70대 후반이 되었을 때 최고조에 이르렀지. 침대 위의 주기율표 쿠션과 주기율표 이불을 포함해 집 안을 온통 주기율표와 관련된 물건들로 장식할 정도였어!

그중에서도 가장 손꼽을 만한 물건은 거실에 있는 나무 상자였어. 그 안에는 90개의 작은 유리병 속에 90종의 원소가 들어 있었는데, 그 병들이 주기율표처럼 질서정연하게 배열돼 있었지. 오랜 세월이 흐르는 동안 친구들이 올리버 색스에게 생일 선물로 많은 원소를 보내 주었어.

색스는 원소들을 친구처럼 여겼어. 우주에 존재하는 모든 것이 원소로 이루어져 있다는 사실을 매우 좋아했지. 그중에는 안전하게 손에 쥘 수 있는 원소도 있었지만, 위험한 원소도 있고, 다른 원소와 접촉하면 폭발하는 원소처럼 흥미로운 성질을 가진 원소들도 있었어.

친구들은 색스의 생일이 되면 수집품에 추가할 원소를 생일 선물로 보내 주었다. 일흔두 번째 생일에는 하프늄(72번 원소)을 받았고, 일흔일곱 번째 생일에는 이리듐(77번 원소)을 받았다.

45 Rh 로듐 RHODIUM

백금족 금속에 속하는 로듐은 단단하고 부식에 강한 은백색 금속이야. 로듐은 희귀해서 백금이나 금보다도 비싸. 정확하게는 로듐이 금보다 100배 이상 희귀해! 로듐은 600°C까지는 공기나 물에 아무 영향을 받지 않으며, 100°C까지는 산에도 끄떡없어. 이 귀금속을 녹일 수 있는 물질 중 하나는 용융 상태의 알칼리야.

종류: 전이 금속
발견된 해: 1803년
발견한 사람: 윌리엄 하이드 울러스턴 (영국 화학자)
흥미로운 사실: 1979년에 《기네스 세계 기록》은 비틀스 출신의 가수이자 작사가 겸 작곡가인 폴 매카트니를 역사상 최고의 성공을 거둔 작사가 겸 작곡가로 선정하면서 그에게 로듐으로 도금한 디스크를 선물했다.

늘 들러리 역할만 하는 금속
희귀하고 아름답고 단단한 로듐이 왜 금이나 백금만큼 유명하지 않은지 궁금하지? 너무 희귀하고 비싸기 때문이야. 값비싼 로듐만 가지고 무엇을 만들 엄두가 나지 않지. 그래서 로듐은 백금과 팔라듐 같은 귀금속과 섞어 만든 합금의 형태로 쓰여.

로듐의 특별한 능력
로듐은 드물게 보석으로 사용되지만, 백금과 팔라듐과 함께 촉매 변환 장치(엔진에서 나오는 오염 물질을 덜 유독한 물질로 바꾸는 장치)의 핵심 성분으로 쓰여. 빛 반사율이 높고 변색이 잘 되지 않아 광섬유와 자동차 전조등의 반사판 거울을 코팅하는 재료로도 쓰여. 로듐만의 특별한 능력이 또 하나 있는데, 자신은 산화되지 않으면서 대기 중에서 산소를 흡수하는 능력이야.

오염 물질을 안전하게 만드는 원소

우리는 빠르고 효율적으로 이동하거나 물건을 옮기기 위해 자동차와 버스와 트럭을 이용해. 하지만 차량에서 나오는 배기가스에는 위험한 물질인 탄화 수소, 일산화 탄소, 산화 질소가 포함되어 있어. 이런 유해 물질들이 대기 중으로 들어가 사람과 동식물 그리고 지구 전체에 해를 끼치지. 다행히도 지금은 차량에 오염 물질을 줄이는 촉매 변환 장치가 설치되어 있어. 여러 원소가 이 촉매 변환 장치에 중요한 역할을 하고 있어.

촉매 변환 장치는 차량에서 배출되는 해로운 기체를 비교적 무해한 물질로 바꾸어 주지. 촉매 변환 장치는 엔진에서 나오는 분자를 분해하는데, 백금이나 팔라듐, 로듐이 이 과정에서 '촉매' 역할을 하지. 이 원소들 덕분에 유독한 기체 분자가 분해되고, 대기 중으로 내보내도 충분히 안전한 기체 분자로 바뀔 수 있어.

촉매 변환 장치

엔진에서 나오는 해로운 분자

안전한 기체 분자

벌집 모양의 세라믹 구조에 들어 있는 백금이나 팔라듐, 로듐이 해로운 기체 분자를 분해한다.

46 Pd 팔라듐 PALLADIUM

팔라듐도 다른 백금족 원소들처럼 희귀하고 비싼 금속이야. 팔라듐은 금보다 30배 더 희귀해. 자연 상태에서는 금이나 다른 백금족 원소 금속에 섞여서 발견돼.

종류: 전이 금속
발견된 해: 1803년
발견한 사람: 윌리엄 하이드 울러스턴 (영국 화학자)
흥미로운 사실: 팔라듐은 전성이 좋아서 두들겨 펴면 1㎛(1마이크로미터는 100만분의 1m) 두께로 얇게 만들 수 있다.

화이트골드의 재료

팔라듐은 희귀하고 전성이 뛰어난 데다 변색하지 않는 성질 때문에 비싼 보석으로 팔려. 금과 섞어 만든 합금인 화이트골드는 인기가 높아. 하지만 팔라듐의 중요한 용도는 자동차의 배기 물질을 이산화 탄소와 물로 분해하는 촉매 변환 장치의 핵심 요소로 쓰이는 거야.

팔라듐의 마법 같은 능력

팔라듐은 수소 기체를 흡수하는 놀라운 능력이 있어. 자기 부피의 약 900배나 되는 수소 기체를 흡수할 수 있지. 수소 기체는 고체 금속 속으로 흡수되어 사라져! 어떻게 그런 일이 가능하냐고? 수소 분자가 팔라듐 표면에 닿으면, 수소 원자들로 분해되어 팔라듐 원자들 사이로 들어가기 때문이지. 만약 희귀하고 비싸지만 않다면, 팔라듐은 수소를 효율적으로 저장하는 용도로 쓰일 수 있을 거야.

순수한 팔라듐으로 만든 공 모양의 덩어리.

47 Ag 은 SILVER

은은 기원전 3000년 무렵부터 채굴되기 시작했고, 5000여 년 동안 주화와 식기, 보석, 장식물을 만드는 데 사용되었어. 은은 전이 금속 원소 중에서 반응성이 가장 낮은 편이지만, 그래도 광택을 유지하려면 자주 닦아서 윤을 내거나 보호막을 씌워야 해. 은은 아주 밝은 광택 덕분에 금속 중에서 반사 성질이 가장 높아 거울을 만들기에 알맞은 재료야. 모든 원소 중에서 열과 전기를 전달하는 능력도 가장 높아. 하지만 가격이 비싸 전선은 대부분 은 대신에 구리로 만들어.

종류: 전이 금속
발견된 해: 기원전 3000년경
발견한 사람: 알 수 없음
흥미로운 사실: 은 1g을 길게 뽑으면 2km 이상의 철사로 만들 수 있다!

맛있는 식사를 위한 은제 식기

사람들은 오랫동안 은을 수저와 식기로 만들어 썼어. 은을 사용한 이유는 다른 금속보다 혀에 금속 맛을 덜 남기기 때문이야. 그런데 순은은 너무 물러서 납작한 그릇으로 만들기에 적합하지 않아. 그래서 은 92.5%에 구리를 첨가한 스털링 실버를 재료로 써. 오늘날에는 더 값싸고 변색이 잘 되지 않는 스테인리스강을 많이 쓰지.

세균을 퇴치하는 은

은 이온도 구리처럼 세균과 바이러스에 치명적이야. 질산 은은 살균제와 항균 비누에 쓰여. 고약한 발 냄새를 유발하는 미생물을 죽이기 위해 은실로 양말을 만들기도 해.

48 Cd 카드뮴 CADMIUM

카드뮴은 무르고 독성이 있는 은빛 금속이야. 수은과 납처럼 몸속과 환경에 축적되어 오랫동안 건강과 생태계에 해로운 영향을 끼쳐. 카드뮴은 니켈-카드뮴 전지의 재료로 주로 쓰여. 니켈-카드뮴 전지는 충전이 가능해 환경 오염을 줄일 수 있지만, 지금은 독성이 적으면서 더 강력하고 충전이 가능한 전지들이 개발되었어.

종류: 전이후 금속
발견된 해: 1817년
발견한 사람: 프리드리히 스트로마이어 (독일 화학자)
흥미로운 사실: 프랑스 화가 클로드 모네가 좋아한 물감 중 하나는 밝은 색의 카드뮴 옐로였다. TV 미술 강사로 활동했던 화가 밥 로스도 좋아했는데, 자신의 '행복한 나무'를 이 색으로 칠하곤 했다. 카드뮴은 독성 때문에 화가들이 물감에 사용하길 꺼리게 되었다.

이타이이타이병

카드뮴이 몸에 쌓이면 뼈에서 칼슘이 빠져나가 뼈가 약해지고 관절통이 생겨. 20세기 초에 일본에서는 한 마을 사람들이 카드뮴으로 오염된 논에서 수확한 쌀을 먹고 알 수 없는 병에 걸렸어. 수수께끼 같은 이 병을 이타이이타이병이라 불렀는데, 이타이는 일본어로 '아프다'는 뜻이야.

49 In 인듐 INDIUM

인듐의 이름은 분광기로 본 이 원소의 스펙트럼선이 짙은 남색(인디고 블루)으로 나타난 데에서 유래했어. 순수한 인듐 덩어리는 아주 물러서 칼로 자를 수도 있지만, 다른 금속과 섞으면 아주 단단한 합금이 돼.

종류: 전이후 금속
발견된 해: 1863년
발견한 사람: 페르디난트 라이히와 히로니모우스 리히터(둘 다 독일 화학자)
흥미로운 사실: 인듐은 구부리면 비명을 지른다. 정말로! 결정들이 부서진 뒤 재배열될 때 고음의 날카로운 소리가 난다.

마법의 터치

처음 발견되었을 당시에는 인듐은 쓸 곳이 없었어. 20세기에 접어들 무렵까지도 전 세계에 존재하는 순수한 인듐은 1kg도 안 되었어. 지금은 매년 수백 톤의 인듐이 정제되고 있어. 생산된 인듐 중 대부분은 인듐 주석 산화물(ITO)을 만드는 데 쓰여. 인듐 주석 산화물은 빛에는 투명하지만(즉, 빛이 쉽게 투과해 지나가지만), 전기가 잘 통해. 그래서 LCD(액정 디스플레이) 모니터를 만드는 데 쓰여. 스마트폰이나 패드 같은 다양한 전자 기기의 터치스크린 기술에도 쓰여. 일부 과학자들은 현재의 소비 추세라면 앞으로 수십 년 안에 인듐이 고갈될 가능성이 있다고 해. 그러니 인듐을 재활용하는 일에 더 노력을 기울여야 해.

주석 TIN

주석은 인류가 처음 사용한 금속 중 하나야. 약 4000년 전에 사람들은 주석을 구리와 섞어 단단한 청동 합금을 만들기 시작했어. 그 결과로 튼튼한 무기와 정교한 예술품을 만들 수 있는 청동기 시대가 시작되었어. 오늘날 주석은 청동과 백랍(납과 주석의 합금) 같은 합금을 만드는 데 쓰여. 다른 금속을 주석 막으로 씌워 녹이 슬지 않게 하는 용도로도 쓰이지.

> 종류: 전이후 금속
> 발견된 해: 기원전 2100년경
> 발견한 사람: 알 수 없음
> 흥미로운 사실: 틴 케이스, 틴 캔, 틴 포일 등 많은 물건을 주석(tin)이라고 부르지만, 실제로는 주석이 아닌 경우가 많다. 영어에서는 얇은 판 모양으로 만든 금속을 모두 틴(tin)이라 부르는 경향이 있다.

주석의 변신술

아주 낮은 온도에 두었을 때, 주석은 서서히 은빛 금속에서 암회색 가루로 변해. 이러한 변신은 화학 반응이 아니라, 결정 구조의 변화에서 일어나는 거야. 나폴레옹 군대가 러시아 원정에 실패했을 때, 군복의 주석 단추가 러시아의 혹한에 가루로 변했고, 이 때문에 옷을 제대로 여미지 못한 병사들이 저체온증에 걸렸다는 이야기가 전하는데 확인된 사실은 아니야.

51 Sb 안티모니 ANTIMONY

안티모니란 이름은 '혼자 있는 것을 싫어하는'이라는 뜻의 그리스어 '안티모노스'에서 유래했어. 실제로 안티모니는 자연에서 단독으로 발견되는 경우가 드물어. 거의 항상 더 무거운 금속 원소와 결합한 화합물의 형태로 발견돼. 안티모니가 가장 많이 들어 있는 광물은 휘안석인데, 원소 기호 Sb는 휘안석(Stibnite)에서 유래했어.

종류: 준금속
발견된 해: 기원전 1600년경
발견한 사람: 알 수 없음
흥미로운 사실: 고대 이집트 여성들이 눈가에 바르던 검은색 가루는 안티모니를 많이 함유한 광석 가루로 만들었다.

활자용 금속

안티모니를 납, 주석과 섞어 만든 합금은 인쇄용 활자를 만들기에 딱 좋아. 15세기에 독일의 요하네스 구텐베르크가 개발한 인쇄용 금속 활자는 500년이 넘도록 인쇄기에 사용하는 표준 활자가 되었지.

위험한 약

안티모니는 비소만큼 강한 독성이 있지만, 오래전부터 약으로 사용돼 왔어. 주로 구토제로 쓰였는데, 옛날 사람들은 위장의 음식물을 토해 내면 몸이 깨끗해져 병이 낫는다고 믿었거든. 어떤 사람들은 볼프강 아마데우스 모차르트가 이 안티모니 요법 때문에 죽었다고 이야기하기도 해.

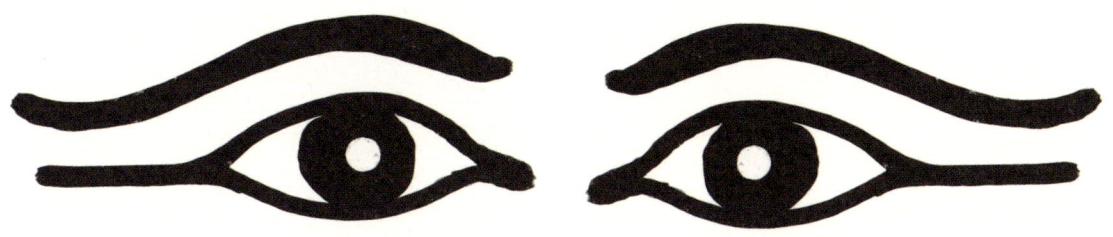

고대 이집트인의 눈 화장.

52 Te 텔루륨 TELLURIUM

지구에서 희귀한 원소 중 하나인 텔루륨은 구리와 납을 제련하는 과정에서 부산물로 얻을 수 있어. 하지만 텔루륨 1그램을 얻으려면 구리 1톤을 정제해야 해!

종류: 준금속
발견된 해: 1783년
발견한 사람: 프란츠요제프 뮐러 폰 라이헨슈타인(오스트리아 광물학자)
흥미로운 사실: 텔루륨은 독성은 약하지만, 아주 적은 양을 섭취해도 입과 몸에서 끔찍한 냄새가 몇 주일 동안 가시지 않는다(정확한 효과가 궁금하다면 44쪽 참고).

다양한 용도

텔루륨은 다른 금속과 섞어 합금을 만들거나 여러 전자 기술 분야에서 유용하게 쓰여. 광섬유 케이블에서부터 정보를 레이저로 기록하고 읽을 수 있게 해 주는 DVD 디스크의 반사층까지 많은 곳에 쓰이고 있어. 카드뮴과 텔루륨 합금으로 코팅한 태양 전지판은 태양 에너지를 전기로 바꾸지.

태양 전지판.

53 I 아이오딘 IODINE

상온에서는 고체이지만, 공기 중에 노출된 아이오딘(요오드)은 액체 상태를 거치지 않고 곧바로 기체로 변해. 다른 고체 홑원소 물질은 대부분 은색이거나 회색이지만, 아이오딘은 고체 상태에서는 짙은 남색이고, 기체 상태에서는 선명한 보라색이야. 원래 이름 요오드(아이오딘은 영어식 이름)는 보라색을 뜻하는 그리스어 '이오데스'에서 유래했어.

종류: 반응성 비금속
발견된 해: 1811년
발견한 사람: 베르나르 쿠르투아(프랑스 화학자)
흥미로운 사실: 아이오딘은 사람의 건강에 꼭 필요하기 때문에, 세계 여러 나라에서는 식용 소금에 반드시 아이오딘을 첨가하도록 정해 놓았다. 그 덕분에 모든 사람이 음식물을 통해 아이오딘을 섭취할 수 있게 되었다.

대사 기능을 조절하는 역할

아이오딘은 몸에 들어오면 목 앞쪽에 위치한 갑상샘에 모여. 아이오딘은 체온과 호르몬 수치 같은 대사 기능을 조절하는 중요한 역할을 하지. 그래서 몸속에 적정량의 아이오딘이 있어야 건강을 유지할 수 있어. 아이오딘은 갑상샘 호르몬의 주요 성분이기도 한데, 만약 갑상샘 호르몬이 너무 많이 만들어지면 갑상샘 항진증에 걸릴 수 있어. 이 병에 걸리면 불안, 체중 감소, 열 과민증, 집중력 저하 등의 증상이 나타나. 반대로 아이오딘이 부족해서 갑상샘 호르몬이 충분히 만들어지지 않으면, 갑상샘이 부어오르면서 갑상샘 저하증에 걸리게 돼. 이 병에 걸리면, 피로, 추위 과민증, 체중 증가, 피부 건조 등의 증상이 나타나지.

암세포를 죽이는 아이오딘

아이오딘은 항균 기능이 뛰어나 물을 정제하고 상처를 치료하는 소독제로 쓰여. 수술 전에 환자의 몸에 바르는 황갈색 살균제의 주요 성분이기도 해. '방사성 요오드 요법'은 갑상샘 조직이나 암세포를 파괴해 갑상샘암을 없애는 치료법이야.

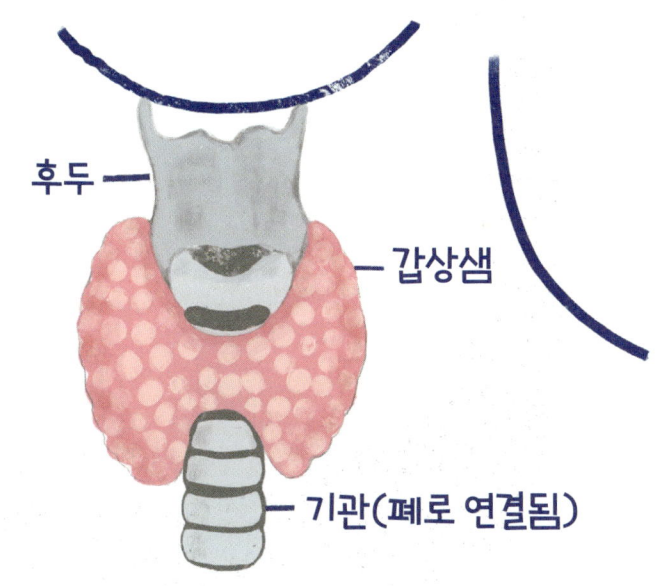

후두
갑상샘
기관(폐로 연결됨)

54 Xe 제논 XENON

비활성 기체인 제논은 공기 중에 아주 적은 양만 들어 있지만, 일상생활에서 사용되는 사례를 가끔 볼 수 있어. 제논 기체로 채운 전구는 아주 뜨겁고 밝게 빛나기 때문에 자동차 전조등에 사용하기에 딱 좋아.

종류: 비활성 기체
발견된 해: 1898년
발견한 사람: 윌리엄 램지와 모리스 트래버스(둘 다 영국 화학자)
흥미로운 사실: 지구의 대기에는 제논이 극소량만 들어 있지만, 목성의 대기에는 많이 들어 있다.

반응성이 있는 비활성 기체

제논의 이전 이름은 크세논인데, 이 이름은 '이방인'이란 뜻의 그리스어 '크세논'에서 유래했어. 한동안 제논은 다른 비활성 기체와 마찬가지로 반응성이 전혀 없을 것이라고 생각했지만, 1960년대에 브리티시컬럼비아 대학교 과학자들이 제논이 다른 원소와 결합해 일부 화합물을 만든다는 사실을 발견했어. 그중에서 제논 산화물은 폭발성이 아주 강해.

뛰어난 마취 효과

제논 기체는 인체에 무해하며, 큰 부작용 없이 사람을 안전하게 잠들게 할 수 있어. 하지만 가격이 비싸 지금까지 마취제로 널리 사용되지 않았지. 하지만 앞으로 새로운 재활용 기술로 수술에 사용할 수 있을 만큼 가격을 낮출 수 있을지도 몰라.

목성

55 Cs 세슘 CESIUM

세슘은 지구에서 반응성이 가장 강한 금속이야. 물에 닿으면 폭발해! 실험실에서는 폭발을 막기 위해 공기를 모두 뽑아 낸 유리병에 세슘을 밀봉해서 보관해. 희귀한 원소인 세슘은 폴루사이트라는 광물에서 추출하지만, 원자로에서 핵분열 반응의 부산물로 얻을 수도 있어.

종류: 알칼리 금속
발견된 해: 1860년
발견한 사람: 구스타프 키르히호프(독일 물리학자)와 로베르트 분젠(독일 화학자)
흥미로운 사실: 세슘이란 이름은 '하늘색'이란 뜻의 라틴어 '카이시우스'에서 유래했는데, 파란색 스펙트럼선 때문에 이런 이름이 붙었다.

극도로 정밀한 시계

비록 폭발성이 있긴 하지만, 세슘은 정확한 규칙성 때문에 시간을 재는 데 쓰여. 세슘 원자시계는 10억분의 1초 이내의 오차로 시간을 정확하게 잴 수 있어. 기계식 시계는 진자의 왕복 운동을 추적해 시간을 재는데, 원자시계는 원자 속에서 전자들이 정확한 진동수로 공명하는 현상을 이용해 시간을 재. 국제 도량형 총회(CGPM)에서 정한 1초는 세슘-133 원자가 방출하는 특정 파장의 빛이 91억 9263만 1770번 진동하는 데 걸리는 시간이야. 세슘 원자시계로 측정한 시간은 전 세계의 인터넷, 휴대 전화 네트워크, GPS의 시간을 표준화하는 데 쓰여.

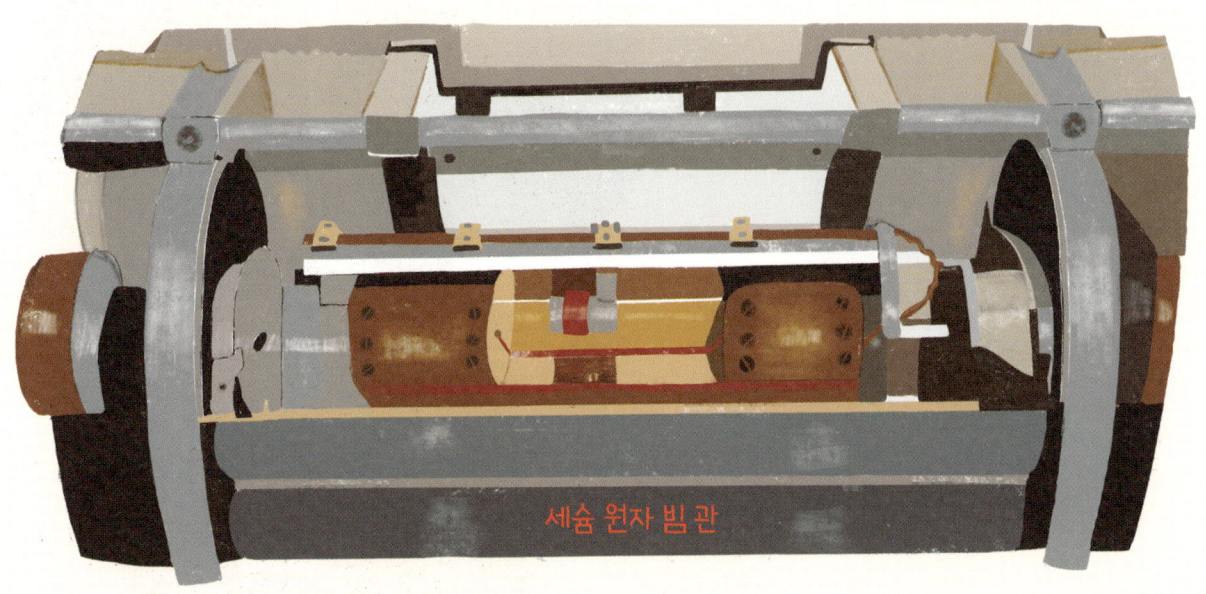

세슘 원자시계.

세슘 원자 빔관

56 Ba 바륨 BARIUM

바륨이란 이름은 '무겁다'라는 뜻의 그리스어 '바리스'에서 유래했어. 바륨은 실제로는 밀도가 그렇게 높지 않아. 가벼운 금속으로 유명한 타이타늄보다 가볍지. 하지만 바륨 화합물은 대개 밀도가 상당히 높고, 중요한 용도로 많이 쓰여.

종류: 알칼리 토금속
발견된 해: 1808년
발견한 사람: 험프리 데이비(영국 화학자)
흥미로운 사실: 바륨을 많이 함유한 광물인 중정석은 빛에 노출시킨 뒤 어두운 곳에 두면 빛을 낸다.

몸속을 환히 보여 주는 물질

바륨은 X선 촬영 때 몸속을 잘 보여 주는 조영제로 쓰여. 환자에게 황산 바륨을 넣은 용액을 마시게 한 뒤에 X선으로 촬영하면, 소화관 내부 모습이 자세히 드러나지. 황산 바륨 용액은 물에 녹지 않기 때문에 독성이 없고, X선을 통과시키지 않으며, 밀도가 커서 위장으로 금방 내려가. 그래서 X선 영상에서 소화관 내에 무슨 문제가 있는지 자세히 확인할 수 있지. 밀도가 높아 몸속 구석구석과 굴곡진 곳을 꽉 채우며 이동하는 황산 바륨의 성질은 석유 채굴에도 이용돼. 황산 바륨을 시추 구멍에 넣으면 가라앉으면서 찌꺼기를 제거해 주거든.

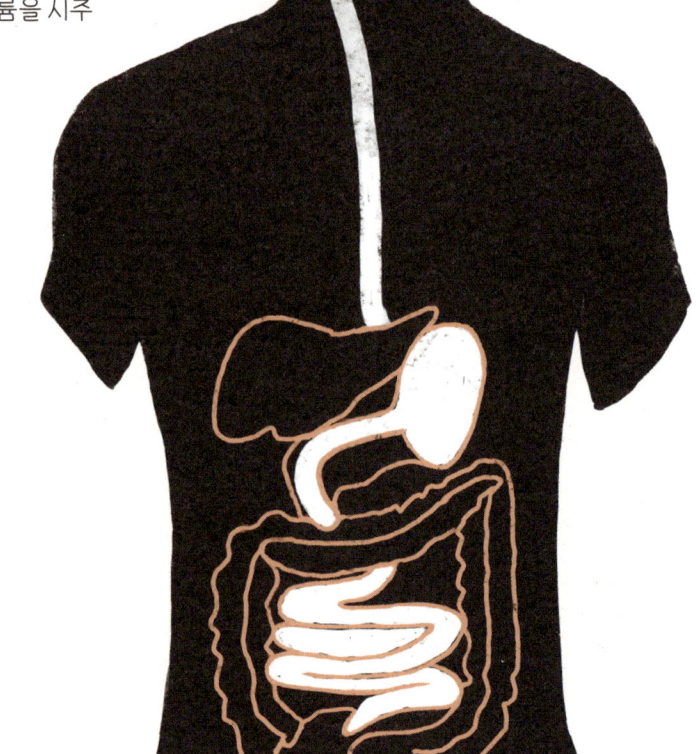

57 La 란타넘 LANTHANUM

은백색의 무른 금속인 란타넘은 순수한 형태로는 사용되는 곳이 없지만, 다른 금속과 섞은 합금은 많은 곳에 쓰여. 니켈과 섞어 만든 합금은 수소 자동차의 연료인 수소 기체를 저장하기에 아주 좋아. 거리를 달리는 하이브리드 자동차의 배터리 전극에는 란타넘이 10~15kg 포함돼 있어. 그리고 란타넘 산화물은 카메라와 망원경용 특수 광학 유리를 만드는 데 쓰여.

- **종류:** 란타넘족
- **발견된 해:** 1839년
- **발견한 사람:** 칼 구스타프 모산데르(스웨덴 화학자)
- **흥미로운 사실:** 19세기 후반에 란타넘은 가게 밖에 내거는 초록색 빛의 랜턴에 쓰였다.

58 Ce 세륨 CERIUM

세륨은 란타넘족 두 번째 원소이고, 구리만큼 흔해. 자연 발화 성질이 있어서 세륨 부스러기를 긁거나 문지르면 불이 붙어. 그래서 라이터돌을 만드는 데 쓰이지. TV나 영화 촬영장에서 섬광을 일으키는 특수 효과에도 사용돼. 그리고 자동차 엔진에서도 촉매 변환 장치의 촉매로 쓰이면서 해로운 배기가스의 양을 줄이는 역할도 하지.

- **종류:** 란타넘족
- **발견된 해:** 1803년
- **발견한 사람:** 옌스 야코브 베르셀리우스와 빌헬름 히싱에르(둘 다 스웨덴 화학자), 그리고 마르틴 하인리히 클라프로트(독일 화학자)도 독자적으로 발견했다.
- **흥미로운 사실:** 세륨은 이 원소가 발견되기 2년 전에 발견된 왜행성 세레스에서 그 이름을 땄다.

59 Pr 프라세오디뮴 PRASEODYMIUM

프라세오디뮴은 무르고 전성이 좋은 회색 금속이야. 이 원소의 이름은 그리스어로 '초록색'이란 뜻의 '프라시오스'와 '쌍둥이'란 뜻의 '디디모스'에서 유래했어. 공기와 접촉하면 초록색 막을 형성하지. 프라세오디뮴은 한때 과학자들이 단일 원소라고 생각했던 디디뮴에서 분리된 두 원소 중 하나야. 다른 하나는 네오디뮴이었어. 카를 아우어 폰 벨스바흐가 1885년에 디디뮴이 실제로는 두 원소의 혼합물이라는 사실을 밝혀냈어.

종류: 란타넘족
발견된 해: 1885년
발견한 사람: 카를 아우어 폰 벨스바흐 (오스트리아 과학자)
흥미로운 사실: 프라세오디뮴 화합물은 아주 강력한 자석으로, 자기 냉각기를 만드는 데 쓰인다. 자기 냉각기는 절대 영도(도달할 수 있는 가장 낮은 온도. 섭씨온도로는 영하 273.15°C에 해당함)에서 불과 수백만분의 1°C 높은 온도까지 물질을 냉각시킬 수 있다.

눈을 보호해 주는 원소

용접공과 유리 직공은 프라세오디뮴 덕분에 눈을 보호할 수 있어. 프라세오디뮴은 쌍둥이 원소인 네오디뮴과 함께 용접공의 고글 유리를 만드는 데 쓰여. 강렬한 섬광으로부터 눈을 보호해 주지. 고글을 쓴 용접공의 눈에는 토치의 흐릿한 파란색 불꽃과 뜨거운 유리나 금속의 주황색 빛만 보여. 고글을 쓰지 않으면, 강렬한 노란색 불빛에 눈이 멀 수 있어.

네오디뮴 NEODYMIUM

60 Nd

네오디뮴은 프라세오디뮴과 쌍둥이 원소야. 이름도 '새로운 쌍둥이'란 뜻의 그리스어에서 유래했어. 네오디뮴은 초강력 자석을 만드는 데 중요하게 쓰여. 1983년, 과학자들은 네오디뮴과 철과 붕소의 합금으로 만든 자석이 자석 자체의 무게보다 수천 배나 무거운 물체를 들어 올릴 수 있다는 사실을 발견했어! 이 세 원소를 합쳐 만든 합금은 엄청난 양의 자기 에너지를 저장하는 동시에 자성을 쉽게 잃지 않아. 그래서 노트북, 휴대 전화, 헤드폰, 휴대용 드릴, 풍력 터빈처럼 강력하면서도 가벼운 자석이 필요한 곳에 널리 쓰여. 하이브리드 자동차와 전기 자동차는 모터에 초강력 네오디뮴 자석을 사용해.

종류: 란타넘족
발견된 해: 1885년
발견한 사람: 카를 아우어 폰 벨스바흐 (오스트리아 과학자)
흥미로운 사실: 네오디뮴 자석은 서로 끌어당기는 힘이 너무나도 강하다. 서로 가까워지면, 강하게 충돌하면서 산산조각날 수 있다.

네오디뮴 자석은 크기가 작아도 자성이 매우 강하기 때문에 많은 곳에 사용된다.

20 볼트

61 Pm 프로메튬 PROMETHIUM

프로메튬은 란타넘족 원소 중에서 가장 희귀한 원소야. 이름은 그리스 신화에서 하늘의 불을 훔쳐 인간에게 가져다준 프로메테우스에서 유래했어. 프로메튬은 처음에 지구의 암석 속에 들어 있었지만, 수십억 년 전에 방사성 붕괴를 통해 모두 사라졌어. 지금은 다른 원소의 방사성 붕괴를 통해 생긴 극소량만 남아 있는데, 이마저도 잠깐 동안만 존재하다가 방사성 붕괴를 통해 사라져. 지금은 원자로에서 인공적으로 만들어지는데, 연구 목적 말고는 쓰이는 곳이 거의 없어. 다만 심장 박동기, 유도 미사일, 무선 통신 장치에 에너지를 공급하는 원자 전지에 아주 적은 양이 사용되고 있어.

종류: 란타넘족
발견된 해: 1945년
발견한 사람: 제이컵 마린스키, 로렌스 글렌데닌, 찰스 코리엘(모두 미국 과학자)
흥미로운 사실: 프로메튬염은 방사성 물질이어서 어둠 속에서 파란색 또는 초록색 빛이 난다.

▲▲▲▲▲▲▲▲▲▲▲▲▲▲▲

62 Sm 사마륨 SAMARIUM

사마륨의 이름은 사마륨을 포함한 광물 중 최초로 채굴된 사마스카이트에서 따왔어. 순수한 금속의 형태일 때에는 은백색 광택이 나. 코발트와 섞어 만든 합금은 전기 기타용 영구 자석으로 쓰여. 사마륨 코발트 자석은 기타 현이 만들어 내는 진동을 감지해. 지구에서 가장 강력한 자석으로 꼽히는 사마륨 코발트 자석은 아주 높은 온도에서도 자성을 잃지 않아.

종류: 란타넘족
발견된 해: 1879년
발견한 사람: 폴에밀 르코크 드 부아보드랑(프랑스 화학자)
흥미로운 사실: 최초의 휴대용 카세트 플레이어 헤드폰인 소니 워크맨은 사마륨 코발트 자석을 부품으로 사용했다.

▲▲▲▲▲▲▲▲▲▲▲▲▲▲▲

63 Eu 유로퓸 EUROPIUM

유로퓸은 은색의 무른 금속이야. 프랑슘과 스칸듐처럼 유로퓸도 지명에서 딴 이름인데, 그 지명은 바로 유럽이야. 재미있는 사실은 전 세계의 유로퓸 중 대부분은 미국과 중국에서 생산된다는 거야.

> **종류:** 란타넘족
> **발견된 해:** 1901년
> **발견한 사람:** 외젠아나톨 드마르세(프랑스 화학자)
> **흥미로운 사실:** 달에서 가져온 암석 시료에서도 유로퓸이 발견되었다.

영국의 50파운드 지폐에 자외선을 비추면 산화 유로퓸이 빨간색으로 빛난다.

위조지폐 감별에 쓰이는 유로퓸

다른 란타넘족 원소와 마찬가지로 유로퓸도 희귀해. 1년에 생산되는 양이 겨우 110톤밖에 안 돼. LED 평면 TV가 나오기 전에는 TV 내부에 들어 있는 브라운관이 전자를 화학 물질들로 코팅된 유리 화면으로 발사했는데, 그러면 각각의 화학 물질에서 고유한 빛이 나왔어. 유로퓸은 빨간색 빛을 냈지. 유로퓸은 형광 전구를 만드는 데에도 쓰이는데, 유로퓸의 빨간색 빛이 형광등에서 나오는 강렬한 백색광을 누그러뜨리는 역할을 하거든. 산화 유로퓸이라는 화합물은 유럽 연합의 유로 지폐와 영국의 지폐에 쓰여. 자외선을 비추면 산화 유로퓸에서 빨간색 빛이 나서 위조지폐를 구별할 수 있거든.

64 Gd 가돌리늄 GADOLINIUM

은색의 무른 금속인 가돌리늄은 온도에 따라 자성이 변해. 20°C 아래에서는 자석에 끌려가지만(강자성), 20°C보다 높은 온도에서는 자성이 사라져. 가돌리늄 화합물은 자기 공명 영상 장치(MRI)에서 선명한 영상을 얻는 데 도움을 줘. 환자의 몸에 집어넣은 가돌리늄 화합물이 몸속의 모습을 세밀하게 보여 주거든.

종류: 란타넘족
발견된 해: 1880년
발견한 사람: 장샤를 갈리사르 드 마리냐크(스위스 화학자)와 폴에밀 르코크 드 부아보드랑(프랑스 화학자)
흥미로운 사실: 가돌리늄은 자기 열량 효과가 있다. 즉, 자기장 속에 넣으면 온도가 올라가고, 자기장에서 벗어나면 온도가 내려간다.

65 Tb 터븀 TERBIUM

터븀은 전성이 좋은 은백색 원소야. 터븀도 유로퓸처럼 컴퓨터 모니터와 TV 화면의 브라운관에 쓰이는데, 터븀은 초록색 빛을 내. 네오디뮴과 디스프로슘과 함께 섞어 만든 합금은 하이브리드 자동차와 풍력 터빈의 작동을 돕는 자석에 쓰여.

종류: 란타넘족
발견된 해: 1843년
발견한 사람: 칼 구스타프 모산데르 (스웨덴 화학자)
흥미로운 사실: 방사성 동위 원소인 터븀-149는 암을 치료하는 데 쓰인다. 이 방사선으로 건강한 세포는 건드리지 않고 암세포 수용체만 정밀하게 겨냥해 공격함으로써 암세포를 죽인다.

66 Dy 디스프로슘 DYSPROSIUM

폴에밀 르코크 드 부아보드랑은 많은 고생 끝에 디스프로슘을 분리했어. 금속 산화물을 산에 녹인 뒤 암모니아로 처리하는 과정을 32번, 그리고 옥살산염을 사용한 분리 방법을 26번 반복한 끝에 마침내 디스프로슘을 얻을 수 있었지. 디스프로슘은 1886년에 처음 발견되었지만, 과학자들은 75년이 넘도록 순수한 원소를 분리하지 못하고 있었지. 이 원소의 이름은 '얻기 어려운'이란 뜻의 그리스어 '디스프로시토스'에서 유래했어. 그 이유는 짐작이 가지? 디스프로슘은 자성이 아주 강한 특징 때문에 데이터 저장, 컴퓨터 하드 디스크, 전기 자동차 배터리 등에 쓰여.

종류: 란타넘족
발견된 해: 1886년
발견한 사람: 폴에밀 르코크 드 부아보드랑(프랑스 화학자)
흥미로운 사실: 디스프로슘으로 만든 합금 터페놀-D는 자기장에 노출시켰을 때, 눈으로 볼 수 있을 만큼 길이가 길어졌다 짧아졌다 한다.

67 Ho 홀뮴 HOLMIUM

홀뮴은 스웨덴 도시 스톡홀름에서 그 이름을 땄어. 홀뮴은 주기율표의 모든 원소 중에서 '자기 모멘트'가 가장 커. 자기 모멘트는 자성 물질이 미치는 자기력의 세기를 수치로 나타낸 거야. 자기 모멘트가 큰 물질을 자기장 속에 놓아두면, 물질 속의 모든 원자가 자기장과 같은 방향으로 정렬해. 이런 성질 때문에 홀뮴은 자석의 자극 편(자석의 끝부분을 이루는 자성 재료 조각)을 만드는 데 쓰여.

종류: 란타넘족
발견된 해: 1878년
발견한 사람: 마르크 들라퐁텐과 자크루이 소레(둘 다 스위스 화학자), 그리고 나중에 페르 테오도르 클레베(스웨덴 화학자)도 독자적으로 발견했다.
흥미로운 사실: 산화 홀뮴은 유리와 큐빅에 빨간색 또는 노란색 색조를 내는 데 쓰인다.

68 Er 어븀 ERBIUM

어븀은 란타넘족 형제들처럼 은빛의 무른 원소야. 자연계에서는 순수한 형태로 나타나지 않고, 산소(느리긴 하지만)와 물과 반응해. 어븀은 세상을 연결하는 원소야. 인터넷으로 데이터를 보낼 때, 광섬유 케이블을 지나가는 광 펄스로 신호를 보내지. 이때 어븀은 케이블의 광신호를 증폭시키는 역할을 해. 어븀이 없다면, 데이터를 멀리 보내기가 무척 어려울 거야.

▲▲▲▲▲▲▲▲▲▲▲▲▲▲▲▲▲▲▲▲▲

종류: 란타넘족
발견된 해: 1843년
발견한 사람: 칼 구스타프 모산데르 (스웨덴 화학자)
흥미로운 사실: 스웨덴 마을 위테르뷔에서 이름을 딴 원소가 3개나 있다. 어븀, 터븀, 이터븀인데, 모두 이 마을에서 처음 발견되었다. (원래는 에르븀, 테르븀, 이테르븀이었는데, 지금은 영어식으로 바뀌었다.)

69 Tm 툴륨 THULIUM

81번 원소인 탈륨과 헷갈리지 않도록 조심해! 툴륨은 은빛의 무른 원소로, 란타넘족 금속 중에서도 손꼽을 만큼 희귀해. 쓰이는 곳이 거의 없지만, 그렇다고 해서 전혀 쓸모가 없는 것은 아니야. 툴륨은 손상된 조직을 잘라 낼 때 사용하는 수술용 레이저에 쓰여. 툴륨의 한 방사성 동위 원소는 X선을 방출하는데, 그래서 가벼운 휴대용 X선 촬영 장비에도 쓰여.

▲▲▲▲▲▲▲▲▲▲▲▲▲▲▲▲▲▲▲▲▲

종류: 란타넘족
발견된 해: 1879년
발견한 사람: 페르 테오도르 클레베 (스웨덴 화학자)

수술용 레이저 기구.

70 Yb 이터븀 YTTERBIUM

은백색의 무른 금속인 이터븀은 전체 란타넘족 원소 중에서 반응성이 가장 강해. 이터븀은 여러 곳에서 중요한 역할을 해. 일부 원자시계의 부품을 만드는 데 쓰이는데, 이 시계는 중력 때문에 느려지는 시간을 측정할 수 있을 만큼 매우 정밀해. 이터븀은 강철에 첨가해 강철을 더 강하게 만드는 데 쓰이고, 레이저와 X선 촬영 장비에도 쓰여.

종류: 란타넘족
발견된 해: 1878년
발견한 사람: 장샤를 갈리사르 드 마리냐크(스위스 화학자)
흥미로운 사실: 이터븀은 큰 압력을 받아도 아무 이상 없이 기능을 발휘한다. 이터븀은 지진이나 폭발로 변형이 일어난 지하 장소를 측정하는 계기에 쓰인다.

71 Lu 루테튬 LUTETIUM

루테튬은 모든 희토류 원소 중에서 녹는점이 가장 높아. 그리고 란타넘족 원소 중에서 가장 단단하고 밀도가 가장 높은 원소야. 하지만 희귀해서 사용되는 곳이 많지는 않아. 주로 정유 공장에서 원유와 섞어 원유를 휘발유와 디젤유로 분리하는 데 쓰여.

종류: 란타넘족
발견된 해: 1907년
발견한 사람: 조르주 위르뱅(프랑스 화학자)과 카를 아우어 폰 벨스바흐(오스트리아 과학자)와 찰스 제임스(미국 화학자)
흥미로운 사실: 루테튬은 한때 세상에서 가장 비싼 원소였다. 지금은 더 효율적으로 추출하는 방법이 발견되어 가격이 많이 내려갔다.

72 Hf 하프늄 HAFNIUM

하프늄은 지르코늄과 분리하기가 어려워 나중에야 발견되었어. 두 원소는 화학적 성질이 거의 같지만, 지르코늄은 중성자가 그냥 통과하는 반면, 하프늄은 중성자를 흡수해. 핵분열 반응이 일어날 때에는 중성자가 원자핵에 충돌하지. 그래서 중성자를 흡수하는 하프늄은 핵분열 반응을 조절하는 제어봉에 쓰여. 하프늄은 열과 부식에 강해서 플라스마 용접과 마이크로칩에도 쓰이지.

종류: 전이 금속
발견된 해: 1923년
발견한 사람: 게오르크 카를 폰 헤베시(헝가리 화학자)와 디르크 코스터르(네덜란드 물리학자)
흥미로운 사실: 하프늄은 발견된 도시인 코펜하겐의 라틴어 지명인 '하프니아'에서 딴 이름이다.

73 Ta 탄탈럼 TANTALUM

은빛의 단단한 금속인 탄탈럼은 분리하기가 너무나도 어려웠기 때문에, 그리스 신화에 나오는 탄탈로스 왕의 이름을 따서 붙였어. 탄탈로스는 신들의 음식을 훔치고, 신들을 초대한 만찬에 자신의 아들을 죽여 그 고기를 내놓고 신들을 시험했어. 이 때문에 영원히 갈증과 배고픔에 고통받는 벌을 받았어. 탄탈로스는 물이 목까지 차는 연못 속에 서 있는데, 눈앞에는 사과가 달린 나뭇가지가 있어. 물을 마시려고 고개를 숙이면 수면이 내려가고, 사과를 먹으려고 손을 뻗으면 나뭇가지가 위로 올라가 버리는 형벌을 받았지.

종류: 전이 금속
발견된 해: 1802년
발견한 사람: 안데르스 구스타브 에케베리(스웨덴 화학자)
흥미로운 사실: 에케베리는 자신이 새로운 금속 원소를 발견했다고 믿은 반면, 다른 화학자는 그것이 나이오븀과 같은 원소라고 확신했다. 40년이 지나서야 두 원소가 다르다는 것이 확인되었다.

안전하고 튼튼한 금속

탄탈럼은 스마트폰이나 작은 전자 기기에 쓰여. 산과 열에 강하고 가볍거든. 독성이 없고 인체의 거부 반응도 적어서 임플란트, 인공 관절, 인공 장기 등의 재료로 쓰여.

자연을 파괴하는 채굴

탄탈럼 광석은 콩고 민주 공화국에 많이 매장되어 있어. 탄탈럼 광석 채굴 때문에 자연이 파괴되었고, 특히 그곳에 사는 고릴라에게 큰 재앙이 되었어. 게다가 식량을 공급하기 위해 고릴라를 많이 사냥했거든.

74 W 텅스텐 TUNGSTEN

텅스텐은 단단한 금속이야. 밀도가 아주 높고, 녹이기가 거의 불가능해. 그래서 백열전구의 필라멘트 재료로 선택받았어. 하지만 텅스텐 필라멘트는 전기를 빛으로 바꾸는 효율이 아주 낮아. 대부분의 에너지가 빛 대신에 열로 바뀌기 때문이야.

종류: 전이 금속
발견된 해: 1783년
발견한 사람: 후안 엘루야르와 파우스토 엘루야르(둘 다 스페인 화학자)
흥미로운 사실: 텅스텐은 금과 밀도가 거의 같지만, 황금색으로 빛나진 않는다. 그래서 사기꾼들은 텅스텐 덩어리에 금박을 입혀 금이라고 속였다.

▲▲▲ ▲▲▲ ▲▲▲ ▲▲▲ ▲▲▲ ▲▲▲ ▲▲▲ ▲▲▲

가장 단단한 물질
탄화 텅스텐은 세상에서 가장 단단한 물질 중 하나야. 드릴 날과 톱날에서부터 볼펜 끝부분까지 단단한 물질이 필요한 온갖 곳에 쓰여.

75 Re 레늄 RHENIUM

레늄은 희소한 원소 중 하나야. 녹는점과 밀도가 높아 내구성이 강한 합금을 만드는 재료로 인기가 높지만, 희귀하기 때문에 많이 쓸 수가 없어. 레늄을 섞은 합금은 아주 높은 온도도 견뎌 낼 수 있어 전투기 엔진에 쓰여.

종류: 전이 금속
발견된 해: 1925년
발견한 사람: 발터 노다크, 이다 노다크, 오토 카를 베르크(모두 독일 화학자)
흥미로운 사실: 멘델레예프가 주기율표를 만들 때, 레늄이 들어갈 자리를 빈칸으로 남겨 두고 그 성질까지 거의 정확하게 예측했다. 레늄은 방사선 붕괴를 하지 않는 안정적인 원소 중에서 가장 나중에 발견되었다.

▲▲▲ ▲▲▲ ▲▲▲ ▲▲▲ ▲▲▲ ▲▲▲ ▲▲▲ ▲▲▲

76 Os 오스뮴 OSMIUM

산소와 결합한 오스뮴 산화물은 독성과 휘발성이 있어. 오스뮴은 순수한 형태로는 쓰이는 일이 별로 없고 합금으로만 쓰이는데, 밀도가 높고 단단해서 전축 바늘과 만년필 펜촉 끝을 만드는 재료로 적합해.

종류: 전이 금속
발견된 해: 1803년
발견한 사람: 스미스슨 테넌트(영국 화학자)
흥미로운 사실: 사산화 오스뮴 가루는 지문의 기름 성분에 들러붙는 성질이 있어 지문 감식에 사용돼 왔다.

범죄 수사에 도움을 주는 원소

범죄 현장 조사(CSI)와 법의학은 범죄에 대한 단서를 얻고 범죄 현장에 남은 흔적을 밝히기 위해 원소의 성질을 이용하기도 해.

오스뮴은 사산화 오스뮴의 형태로 지문 감식에 사용돼 왔어. 손가락 끝이 물체 표면에 닿으면, 기름 성분이 남아. 오스뮴은 기름 성분과 반응해 검은색 침전물을 만드는데, 이 과정에서 얻은 지문을 용의자의 지문과 비교해서 범인을 찾아.

여러 원소(질소, 수소, 산소, 탄소)로 이루어진 화합물인 '루미놀'은 숨어 있는 혈흔을 찾아낼 수 있어. 루미놀을 과산화 수소와 섞어 뿌리면, 어둠 속에서 숨어 있던 혈흔이 파랗게 빛나지. 헤모글로빈의 핵심 성분인 철이 과산화 수소와 루미놀 사이의 반응을 촉진하는 촉매 역할을 하는데, 이 반응에서 광자가 튀어나오면서 빛이 나.

77 Ir 이리듐 IRIDIUM

지구에는 이리듐의 양이 많지 않아. 하지만 운석에는 훨씬 많은 양이 들어 있어. 전 세계 각지의 지층을 조사하던 과학자들은 거의 같은 시기에 생긴 얇은 지층에 이리듐이 비정상적으로 많이 포함돼 있다는 사실을 발견했는데, 그것을 소행성이 충돌한 증거라고 보았어. 그리고 그 시기가 6500만 년 전에 공룡이 멸종한 때와 일치한다는 사실에 착안해, 소행성 충돌이 그 당시 대멸종을 초래했다는 가설을 내놓았지. 이리듐은 높은 밀도와 녹는점, 뛰어난 내식성 때문에 유용한 합금을 만드는 데 쓰여. 다만 양이 적어서 펜촉 끝이나 나침반 중심축, 점화 플러그 등에만 쓰이고 있어.

종류: 전이 금속
발견된 해: 1803년
발견한 사람: 스미스슨 테넌트(영국 화학자)
흥미로운 사실: 미국에 떨어진 운석 중 가장 큰 윌래밋 운석에는 이리듐이 지구에서 발견되는 것보다 훨씬 높은 농도로 들어 있다.

많은 과학자는 이리듐을 많이 포함한 큰 운석이 지구에 충돌해 공룡이 멸종했다고 생각한다.

78 Pt 백금 PLATINUM

백금은 세상에서 가장 인기 있는 원소야. 희귀한 편이지만 지각에 금보다 더 많이 들어 있고, 아름답고 다양한 쓸모가 있어서 수요가 많아. 그래서 가격도 상당히 비싸지.

종류: 전이 금속
발견된 해: 알 수 없음. 하지만 콜럼버스가 도착하기 이전에 남아메리카 원주민은 백금을 알고 있었다.
발견한 사람: 알 수 없음
흥미로운 사실: 백금을 처음 사용한 시기는 2000여 년 전이지만, 유럽 과학자들은 18세기 중엽까지도 백금의 존재를 몰랐다.

다재다능한 귀금속

백금은 놀라운 장점이 아주 많아. 반응성이 아주 낮아서 원소 중에서는 드물게 단순한 산에 녹지 않고, 고온에도 강해. 사실, 백금은 녹는점이 아주 높아서 녹이기가 쉽지 않아. 아름다운 은백색으로 빛나는 백금은 색이 쉽게 변하지 않고, 부식에도 강하며 독성이 없어서 보석으로 쓰기에 아주 좋아. 그 밖에도 전기를 만드는 연료 전지와 촉매 변환 장치에 촉매로 사용되고, 광섬유, 액정 디스플레이, 터빈 블레이드, 점화 플러그, 심장 박동기, 암 치료약에도 쓰이고 있어.

자동차 점화 플러그의 백금은 시동을 거는 데 필요한 불꽃을 점화하는 일을 돕는다.

79 Au 금 GOLD

금은 인류가 맨 처음 사용한 금속 중 하나야. 금은 순수한 형태로 산출되고, 반응성이 아주 약해 자연에서 화합물을 거의 만들지 않아. 변색이 일어나지 않고, 금빛 광채를 영원히 그대로 유지해 다른 원소와 쉽게 구별할 수 있어. 그 황금빛은 너무나도 매력적이어서 누구나 보자마자 매료되어 버리지.

종류: 전이 금속
발견된 해: 기원전 4500년경
발견한 사람: 알 수 없음
흥미로운 사실: 가장 큰 금광석은 오스트레일리아의 힐엔드에서 발견되었다. 이 광석에는 금이 90kg 이상 들어 있었다.

금의 가치

고고학자들은 인류가 5000년도 더 전부터 금으로 장식물을 만들었다는 증거를 발견했어. 금의 가치와 장식물로서의 쓸모는 시대와 문명을 뛰어넘어 인정받았지. 금의 가치는 그 아름다움과 희소성에 있어. 역사상 지금까지 정제된 금을 전부 다 모아도 한 변이 25m인 정육면체에 집어넣을 수 있다고 해.

다양한 용도

전 세계에서 채굴되는 금 중 대부분(78% 정도)은 보석을 만드는 데 쓰이지만, 금은 전기를 잘 전달하는 도체이기도 해. 도체에서 전류가 건너편으로 흘러가게 해 주는 접점을 금으로 만들면, 연결 부위가 부식되거나 약해질 염려가 없어. 금은 치과에서 충치를 때우는 충전재와 대체 치아로 쓰일 뿐만 아니라, 관절염 치료에도 쓰이지.

바닷속 노다지

오늘날 채굴되는 금은 대부분 사이안화법이라는 과정을 사용해 금을 추출해. 이것은 사이안화물을 사용해 광석에서 금을 침출시키는 방법이야. 불행하게도 사이안화물은 독성이 매우 강해서 이 방법은 환경을 오염시켜. 그런데 이거 알아? 바닷물에도 금이 아주 많이 들어 있다는 사실! 바닷물 $1km^3$에는 금이 약 10kg 들어 있어. 하지만 안타깝게도 이 금을 경제적으로 추출할 수 있는 방법은 아직 발견되지 않았어.

80 Hg 수은 MERCURY

수은은 신비하고 위험한 성질 때문에 아주 흥미로운 원소야. 상온에서 액체 상태로 존재하는 금속은 수은뿐이야. 수은은 영하 38.8°C에서 얼고 357°C에서 끓는데, 그 사이의 온도에서는 액체 상태로 존재해! 수은을 영어로 '머큐리(mercury)'라고 하는데, 머큐리는 로마 신화에 나오는 상업의 신 메르쿠리우스를 가리켜. 메르쿠리우스는 변덕스럽고 경박하여 여기저기로 아주 빠르게 움직이는 신이야. 수은의 속성이 이 신과 비슷하다고 여긴 거지.

종류: 전이후 금속
발견된 해: 기원전 1500년경
발견한 사람: 알 수 없음
흥미로운 사실: 수은은 대개 황화 수은이 주성분인 '진사'라는 빨간색 광물의 형태로 발견된다. 튀르키예에서 9만~10만 년 전에 그린 동굴 벽화가 발견되었는데, 벽화를 그리는 데 이 빨간색 광물이 사용되었다.

미치광이 모자 장수

한때 사람들은 수은이 장수와 건강을 가져다준다고 믿었어. 사실은 정반대야. 수은은 독성이 있어서 건강에 매우 해로워. 영어에 '모자 제조업자처럼 미친(mad as a hatter)'이란 표현이 있는데, '단단히 미친' 상태를 가리키는 말이야. 옛날에는 모자 재료인 펠트를 가공할 때 수은을 사용했는데, 그 과정에서 모자 제조업자가 수은 증기를 많이 들이마셨어. 그래서 많은 모자 제조업자가 건강을 해쳤는데, 이 영어 표현은 여기서 유래했어. 수은에 중독되면 성격 변화, 떨림, 시력 변화, 청력 상실, 근육의 조화 운동 상실, 기억력 감퇴 등의 증상이 나타나. 나중에서야 과학자들과 의사들은 수은이 아주 위험하다는 사실을 알게 되었어. 수은은 뇌를 손상시키고, 내부 장기와 신경계에도 악영향을 끼쳐. 한때 수은 중독은 아주 흔했지만, 지금은 안전 규제가 강화되어 드문 일이 되었어.

위험한 먹이 사슬

석탄 같은 화석 연료를 태우면, 유독한 수은이 나와 공기, 물, 흙으로 들어가. 바다로 들어간 수은은 해양 먹이 사슬을 따라 이동하면서 생물의 몸에 축적돼. 작은 물고기의 몸에는 수은이 적게 들어 있지만, 큰 물고기가 작은 물고기를 잡아먹으면서 점점 많은 양의 수은이 큰 물고기의 몸속에 쌓이지. 수은이 축적된 큰 물고기를 더 큰 물고기가 잡아먹으면 더욱 많은 양의 수은이 쌓여. 이런 식으로 먹이 사슬에서 위로 갈수록 생물의 몸에 축적된 수은의 양이 많아지는 거야. 그래서 참치나 황새치처럼 거대한 물고기는 수은 함량이 높아. 이런 물고기를 많이 먹으면, 우리도 수은 중독의 위험에 노출되는 거야.

안전하게 사용하면 유용한 원소

수은은 엄격한 감시를 받으며 소량으로 사용되고 있어. 수은은 밀도가 커서 온도계와 기압계에 쓰이고, 전기가 잘 통하는 도체여서 형광등과 수은등에도 유용하게 쓰여.

81 Tl 탈륨 THALLIUM

탈륨은 독성이 있는 원소 중 하나야. 지구에 비교적 풍부하게 존재하지만, 독성 때문에 그다지 많이 사용되지는 않아. 황화 탈륨은 광전지와 유리 제조, 의료용 스캔에 쓰여.

종류: 전이후 금속
발견된 해: 1861년
발견한 사람: 윌리엄 크룩스(영국 화학자)
흥미로운 사실: 독성에도 불구하고 탈륨은 한때 버짐과 여러 가지 피부병을 치료하는 데 쓰였다.

완벽한 독약

20세기 중엽에 탈륨은 '독살자의 독'이란 별명으로 불렸어. 쥐약이나 살충제로 쓰였던 황산 탈륨은 향기, 맛, 색깔이 없어서 들키지 않고 음식이나 음료에 쉽게 넣을 수 있었거든. 탈륨에 중독되면 구토, 복통, 탈모, 정신 착란 등의 증상이 나타나다가 결국 죽는데, 다른 질병의 증상과 혼동하기 쉬워 독살자가 자신의 범행을 숨기기 쉬웠어.

맛과 냄새가 없는 황산 탈륨은 한때 쥐약이나 살충제로 널리 사용되었지만, 안전상의 문제로 많은 나라에서 사용이 금지되었다.

82 Pb 납 LEAD

납은 부식에 강하고 원하는 모양으로 만들기가 쉬워 먼 옛날부터 많은 곳에 사용되었어. 납은 방사능을 차단하기 때문에, 병원에서 X선 영상을 촬영할 때 납이 들어간 차폐복을 입어. 유용하게 쓰이던 납은 독성이 알려지면서 사용량이 급격히 줄어들었어. 납이 우리 몸에 들어가면, 뇌가 납을 칼슘과 혼동하여 납을 신경 세포로 보내. 그러면 심각한 인지 장애와 건강 문제가 생겨. 예전에는 연료 효율을 높이기 위해 납을 휘발유에 첨가해 사용했어. 이때 발생한 환경 오염이 지금까지도 문제가 되고 있어. 오래된 집들 중에는 납이 들어간 페인트를 사용하거나 관 이음부에 납땜으로 사용한 곳이 많아.

- 종류: 전이후 금속
- 발견된 해: 고대
- 발견한 사람: 알 수 없음
- 흥미로운 사실: 납은 라틴어로 플룸붐(plumbum)이라 하는데, 원소 기호 Pb는 여기서 유래했다.

오랫동안 사용된 중금속

사람들은 수천 년 전부터 납을 사용해 왔어. 고대 이집트인의 무덤에서 납 화합물로 만든 화장품이 발견되었어. 고대 로마인은 납을 최초로 사용한 민족 중 하나인데, 매년 약 8만 톤의 납을 채굴했어. 납은 녹는점이 낮아 용접하기가 쉽고, 구부려서 수도관으로 만들기에도 좋았어. 고대 로마인은 와인의 맛을 돋우려고 납을 넣어서 마시기도 했어. 어떤 사람들은 로마 제국이 납 중독 때문에 멸망했다고 주장해. 로마 제국의 지도자들이 납 중독으로 정신 질환에 시달려 멸망했다고 말이야.

납 차폐복은 X선 촬영을 할 때 우리 몸이 위험한 방사선에 노출되지 않도록 보호해 준다.

83 Bi 비스무트 BISMUTH

비스무트는 어떤 금속보다 풍부하기 때문에 연금술에서 중요한 금속으로 사용되었는데, 1500년 무렵에 무명의 연금술사가 발견했어. 비스무트는 납이나 주석과 혼동될 때가 많은데, 1753년에 클로드 프랑수아 조프루아가 별개의 금속임을 분명히 입증했어.

> 종류: 전이후 금속
> 발견된 해: 1500년경
> 발견한 사람: 무명의 연금술사
> 흥미로운 사실: 다른 중금속과 달리 비스무트는 몸속에 축적되지 않으므로, 납 대신에 수도관 재료로 쓰기에 더 안전한 금속으로 간주된다.

약으로 쓰이는 비스무트

18세기부터 비스무트는 배탈이나 설사를 가라앉히는 약으로 쓰였어. 아마 여러분도 비스무트를 먹어 본 적이 있을 거야. 배탈이나 설사가 났을 때 먹는 물약이나 배탈 약의 주성분이기 때문이야. 그런데 비스무트에 독성이 없는 것은 좀 의외야. 왜냐하면 주기율표에서 비스무트의 양 옆에 있는 납과 폴로늄은 독성이 아주 강하거든.

비스무트 화합물은 지사제, 장염이나 위궤양 치료제 등 의약품에도 중요하게 쓰인다.

84 Po 폴로늄 POLONIUM

마리 퀴리의 조국 폴란드에서 이름을 딴 폴로늄은 아주 위험한 물질 중 하나야. 1μg(마이크로그램, 먼지 한 알 정도의 크기)만으로도 우리를 죽일 수 있거든. 폴로늄은 우라늄 광석에 함께 섞여서 산출되고, 원자로에서도 만들어지는데, 반감기가 짧아 희귀해. 폴로늄은 초기의 원자 폭탄에서 적절한 순간에 중성자를 많이 방출하여 연쇄 반응(폭발)을 시작하게 하는 중성자 방아쇠로 쓰였어.

> 종류: 전이후 금속
> 발견된 해: 1898년
> 발견한 사람: 마리 퀴리(폴란드 출신의 프랑스 물리학자)
> 흥미로운 사실: 폴로늄의 동위 원소 중 하나는 방사능이 아주 강하다. 이 동위 원소 덩어리는 파란색으로 빛나는데, 방사선이 주위의 공기를 들뜨게 하기 때문이다.

암살 무기로 쓰인 폴로늄

영국에 망명한 러시아의 전직 케이지비(KGB, 옛 소련의 비밀 경찰 조직) 요원 알렉산드르 리트비넨코는 2006년에 런던의 한 호텔에서 두 러시아인을 만난 뒤 중태에 빠졌어. 그는 23일 동안 고통을 받다가 결국 죽고 말았는데, 검사 결과 체내에서 상당량의 폴로늄이 발견되었어. 폴로늄은 희귀해서 구하기가 힘든데, 폴로늄을 만들 수 있는 나라는 핵무기를 보유한 나라뿐이야.

85 At 아스타틴 ASTATINE

반감기가 약 8시간에 불과한 아스타틴은 자연계에 극소량만 존재해. 어느 순간이라도 지구 전체에 존재하는 아스타틴은 겨우 30g 정도에 불과해. 그래서 천연 원소 중에서는 가장 희소하지. 우라늄과 토륨의 느린 방사성 붕괴 과정에서 생겨나긴 하지만, 아스타틴은 반감기가 짧아 오래 존재하지 못해. 그래서 어떤 생물학적 역할을 하거나 우리 생활에 이용된 적이 없어.

종류: 준금속
발견된 해: 1940년
발견한 사람: 데일 코슨과 케네스 로스 매켄지(둘 다 미국 물리학자)와 에밀리오 세그레(이탈리아 출신의 미국 물리학자)

86 Rn 라돈 RADON

라돈은 비활성 기체 원소 중에서 유일한 방사성 원소이고, 공기보다 8배나 무거워. 라돈은 암을 유발하기 때문에 상업적으로 쓰이는 곳이 별로 없어. 라돈은 화강암에 섞인 우라늄과 토륨이 방사성 붕괴를 할 때 생겨나. 그래서 자연계에 널리 존재하지만, 화강암으로 건물을 지은 도시에서도 만날 수 있어. 화강암을 이루는 광물에서 라돈 기체가 빠져 나와 공기 중으로 들어가는데, 라돈을 장기간 들이마시면 폐암에 걸릴 수 있어.

일반적으로 공기 중의 라돈 농도는 아주 낮아. 하지만 화산 주변의 온천이나 지열 발전소 근처에서는 농도가 높아. 일부 주택의 지하실은 라돈 농도가 높을 수 있는데, 공기가 잘 통하지 않아 라돈 기체가 그 안에 갇혀 쌓이기 때문이야. 라돈의 위험성 때문에 라돈을 탐지하고 줄이는 기술을 개발하고 사용하는 산업 분야도 있어. 심지어 가정용 라돈 측정기도 판매되고 있지.

종류: 비활성 기체
발견된 해: 1900년
발견한 사람: 프리드리히 에른스트 도른(독일 물리학자)
흥미로운 사실: 뉴욕시의 그랜드센트럴 터미널은 화강암으로 지어졌다. 이곳은 주변보다 방사능 농도가 높은 것으로 유명한데, 아주 적은 양이긴 하지만 화강암에서 라돈 기체가 새어 나오기 때문이다.

화강암.

87 Fr 프랑슘 FRANCIUM

프랑스에서 발견된 프랑슘은 반감기가 겨우 22분이야. 방사성이 높고 불안정한 프랑슘은 수명이 짧다 보니 상업적으로 쓰이는 곳이 전혀 없어. 프랑슘은 입자 가속기(전자기장을 사용해 아원자 입자를 고속으로 가속시키는 장치)나 원자로에서 연구 목적으로 만들어져.

종류: 알칼리 금속
발견된 해: 1939년
발견한 사람: 마르그리트 페레(프랑스 화학자)

89 Ac 악티늄 ACTINIUM

악티늄은 방사성 원소로, 늘 그 주위가 푸르스름한 빛으로 둘러싸여 있어. 악티늄은 우라늄 광석에 섞여 산출되지만, 오늘날 대부분의 악티늄은 원자로에서 만들어지고 있어. 물리적 성질은 란타넘과 비슷하지만, 방사능 때문에 일부 암 치료를 위한 실험적 방사선 요법으로 쓰이는 경우 말고는 실용적으로 쓰이는 곳이 거의 없어.

종류: 악티늄족
발견된 해: 1899년
발견한 사람: 앙드레루이 드비에른(프랑스 화학자)

90 Th 토륨 THORIUM

많은 악티늄족 원소와 달리 토륨은 지구에 풍부하게 존재해. 은보다 무려 76배나 많아. 하지만 다른 악티늄족 원소처럼 방사능이 있는데, 그 위험성이 알려지기 전에는 다양한 곳에 쓰였어. 심지어 치약에도 쓰였어! 과학자들은 풍부한 토륨을 원료로 사용해 원자로에서 전기를 생산할 수 있을 거라고 생각해. 하지만 추가 연구와 원자로 발전 과정의 문제 해결에 드는 비용이 너무 많다는 점이 실용화를 가로막고 있어.

종류: 악티늄족
발견된 해: 1829년
발견한 사람: 옌스 야코브 베르셀리우스(스웨덴 화학자)

91 Pa 프로트악티늄 PROTACTINIUM

프로트악티늄은 '악티늄 앞'이라는 뜻이야. 우라늄 원자가 방사성 붕괴를 할 때, 프로트악티늄이 먼저 생기고 나서 프로트악티늄이 다시 붕괴해 악티늄이 생기기 때문에 붙은 이름이야. 우라늄 광석 속에 0.3~3ppm의 농도로 들어 있는 프로트악티늄은 희귀하고 만들기 어려워. 그래서 실험실에서 호기심 많은 과학자들의 연구 대상으로 쓰일 뿐, 실용적으로는 전혀 쓰이지 않아.

종류: 악티늄족
발견된 해: 1913년
발견한 사람: 카시미르 파얀스(폴란드 출신의 미국 물리화학자)와 오스발트 헬무트 괴링(독일 화학자)

92 U 우라늄 URANIUM

우라늄은 천연 원소 중에서 가장 무거운 원소야. 정제한 우라늄의 방사능과 우라늄-235의 연쇄 반응에서 나오는 파괴적인 힘 때문에 위험한 원소로 널리 알려졌어. 최초의 원자 폭탄도 우라늄을 재료로 만들었어. 어울리지 않게 '리틀 보이'라는 별명이 붙은 이 폭탄은 1945년에 일본 히로시마에 투하되어 수많은 목숨을 앗아 가고 도시를 완전히 파괴했을 뿐만 아니라, 그 후에도 오랫동안 환경과 사람들의 건강에 심각한 영향을 미쳤어.

종류: 악티늄족
발견된 해: 1789년
발견한 사람: 마르틴 하인리히 클라프로트(독일 화학자)
흥미로운 사실: 우라늄-238의 반감기는 지구의 나이와 같은 45억 년이다.

핵분열성 물질

천연 우라늄은 우라늄-238이 99.27%를 차지하고, 우라늄-235는 0.72%뿐이야. 둘 다 방사능이 있지만, 우라늄-235만 핵분열성 물질이야. 즉, 둘 중에서 우라늄-235만이 중성자가 충돌했을 때 원자핵이 분열하면서 에너지와 더 많은 중성자가 튀어나온다는 뜻이지. 이 핵분열 반응을 연쇄적으로 일어나게 하는 것이 원자 폭탄의 원리야. 이 연쇄 반응의 속도를 원자로에서 조절하면 그 에너지를 이용해 전력을 생산할 수 있는데, 원자력 발전소는 이렇게 만든 전력을 가정과 산업체에 공급해.

원자 폭탄 '리틀 보이'.

인공 초우라늄 원소는 어디서 왔을까?

우라늄 다음에 93번부터 시작되는 원소들을 '초우라늄 원소'라고 불러. 인공 원소 또는 합성 원소라고도 하는데, 자연에서 발견되지 않고 실험실에서 핵반응을 통해 인위적으로 만든 원소들이기 때문이야. 그런데 넵투늄과 플루토늄처럼 몇몇 원소는 나중에 자연에서도 극미량이 발견되었어. 인공 원소는 모두 방사능이 있으며, 시간이 지나면 붕괴하여 더 가벼운 원소로 변해. 이 중 많은 원소는 반감기가 지구의 나이에 비해 너무 짧아. 45억 년 전에 지구가 탄생할 때 이들 원소의 원자가 존재했다 하더라도, 그 후에 붕괴하여 이미 오래전에 사라지고 말았어.

인공 원소는 어떻게 만들까?

원소는 원자핵에 있는 양성자 수로 정의되며, 그것이 곧 그 원소의 원자 번호가 돼. 예컨대 수소는 양성자가 1개여서 원자 번호가 1번이고, 나머지 원소들도 그런 식으로 원자 번호가 정해지. 따라서 새 원소를 만들려면, 원자핵에 양성자를 추가해야 해. 우라늄-238에 중성자 1개를 충돌시켜 우라늄-239를 만들면, 우라늄-239가 베타 붕괴를 일으키면서 넵투늄-239가 생겨나. 베타 붕괴가 일어나면 중성자가 양성자로 변하기 때문에, 원자 번호가 하나 증가해 새 원소로 변해. 이런 식으로 베타 붕괴를 유도해서 초우라늄 원소를 계속 만들 수 있어. 하지만 이 방법은 100번 원소인 페르뮴 이후에는 통하지 않았어. 그래서 과학자들은 입자 가속기에서 원소들을 충돌시키기 시작했지. 두 원소의 원자핵을 충돌시켜 하나의 큰 원자핵으로 만드는 방법으로 새로운 원자를 만들기 시작한 거야.

주기율표에 추가할 원소가 아직 더 남아 있을까?

지금까지 과학자들은 원자핵 속에 양성자를 118개까지 집어넣는 데 성공했어. 118번 원소는 오가네손이야. 하지만 100번 이후의 원소들은 모두 불안정해서 수명이 겨우 수백만분의 1초에 불과해. 양성자로 꽉 찬 원자핵의 밀도가 커지면서 안정한 원소를 만드는 것은 불가능해 보이지만, 열정이 넘치는 과학자들은 아직도 주기율표를 확대하려는 노력을 멈추지 않고 있어.

입자 가속기

입자 가속기는 전자나 양성자, 원자핵 같은 입자를 가속시켜 아주 높은 에너지를 갖게 하는 장치야. 입자 가속기는 선형(직선 모양)인 것도 있고 원형인 것도 있어. 최초의 원형 입자 가속기는 지름이 12cm도 안 되었지만, 오늘날 과학자들은 지름이 8km나 되는 입자 가속기를 사용해 연구하고 있어!

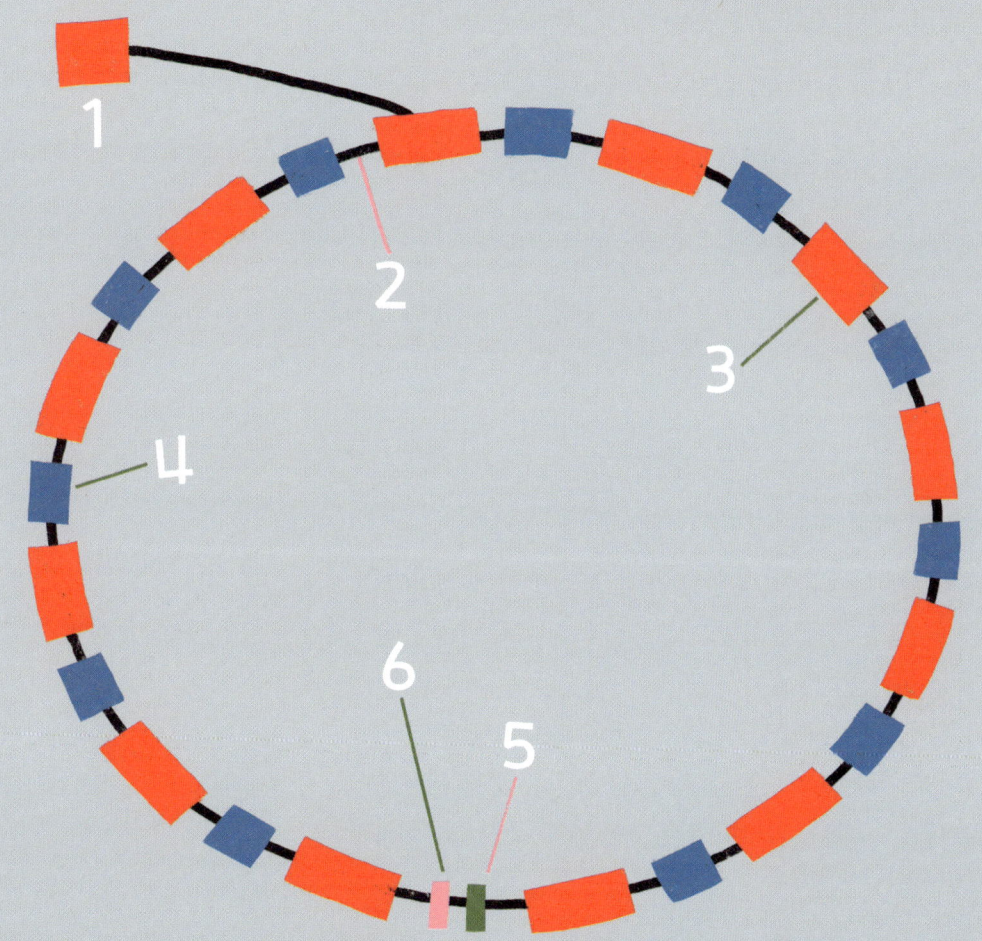

1. 입자 방출원
입자(전자, 양성자, 원자핵)가 여기서 출발한다.

2. 빔 관
진공(물질도 공기도 전혀 없이 텅 빈) 상태의 금속관. 입자들이 이 안에서 빙빙 돌면서 속도가 점점 빨라지는 동시에 에너지가 커진다.

3. 전자석
전자석은 입자 빔이 나아가는 방향을 유도하면서 표적으로 향하게 한다.

4. 전기장
전기장은 주어진 진동수로 양의 에너지와 음의 에너지를 왔다 갔다 하면서 입자를 밀어 가속시키는 전파를 만들어 낸다.

5. 표적
입자들을 고정된 표적으로 향하게 할 수도 있고, 두 입자 빔을 충돌시킬 수도 있다. 충돌의 결과로 새로운 원소들이 생겨난다.

6. 감지기
입자 감지기는 충돌에서 생겨난 입자들과 방사선에 대한 정보를 감지하고 기록한다.

93 Np 넵투늄 NEPTUNIUM

넵투늄은 자연에서 가장 늦게 발견된 악티늄족 원소야. 우라늄 광석에서 극미량 발견되는데, 우라늄이 방사성 붕괴를 통해 플루토늄으로 변하는 과정에서 생겨나기 때문이야. 넵투늄은 중성자 감지기에 쓰여.

종류: 악티늄족
발견된 해: 1940년
발견한 사람: 에드윈 맥밀런과 필립 애빌슨(둘 다 미국 물리학자)

94 Pu 플루토늄 PLUTONIUM

플루토늄은 원자로에서 우라늄이 일련의 방사성 붕괴 과정을 거친 뒤에 생기는 원소야. 처음에 과학자들은 플루토늄을 눈에도 보이지 않을 만큼 적은 양만 만들 수 있었어. 처음으로 눈에 보일 만큼 만든 양은 100만분의 3g에 불과했지. 미국의 과학자들은 몇 년 지나지 않아 충분히 많은 양의 플루토늄을 모았고, 그것을 핵분열 물질로 사용해 1945년에 나가사키에 투하한 원자 폭탄 '팻 맨'을 만들었어.

종류: 악티늄족
발견된 해: 1940년
발견한 사람: 글렌 시보그와 미국의 동료 화학자들
흥미로운 사실: 일반인이 개인적으로 플루토늄을 소유하는 것은 불법이다. 하지만 한 가지 예외가 있다. 1970년대부터 일부 사람들은 몸속에 플루토늄 전지로 작동하는 심장 박동기를 이식받았다.

위험한 핵폐기물

플루토늄의 두 동위 원소인 플루토늄-239와 플루토늄-241은 핵분열성 물질이어서 핵분열 반응을 일으킬 수 있어. 전 세계의 원자력 발전소에서 생산되는 전력 중 3분의 1 이상은 플루토늄에서 만들어져. 플루토늄 폐기물은 방사능이 있을 뿐만 아니라, 독성이 강한 물질이어서 삼키거나 공기를 통해 들이마시면 간과 뼈에 축적되어 건강을 해치지. 플루토늄은 반감기가 길어서 그 폐기물은 수십만 년 동안 위험한 물질로 남아 있게 돼.

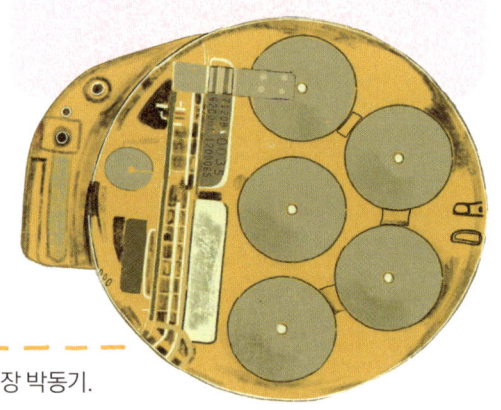

심장 박동기.

방사능

혼잡한 원자핵에서 생기는 방사능

방사능은 원자핵 속에 핵자(양성자와 중성자)가 지나치게 많은 것이 원인이 되어 생겨나. 그러면 원자가 불안정해지는데, 원자는 안정된 상태로 되돌아가기 위해 방사선을 통해 에너지를 방출해. 이 상황을 '방사성 붕괴'라고 해. 폴로늄 이후의 원소들은 모두 방사능이 있는 '방사성 물질'이야. 이 원소들이 내뿜는 방사선은 눈에 보이지 않지만, 우리의 세포를 파괴하고 암을 유발하므로 매우 위험해. 물론 이 힘을 이용해 암세포를 죽이거나 에너지(원자력)를 생산할 수도 있어.

방사성 붕괴는 알파 붕괴, 베타 붕괴, 감마 붕괴, 이렇게 세 종류가 있어. 알파 붕괴는 원자핵에 양성자가 너무 많거나 양성자와 중성자의 비율이 심하게 불균형할 때 일어나. 원자핵을 안정시키기 위해 알파 입자(양성자 2개와 중성자 2개로 이루어진 입자로, 사실상 헬륨의 원자핵과 동일)를 방출해.

베타 붕괴는 원자핵 속에 중성자가 너무 많을 때 일어나는데, 빠르게 움직이는 베타 입자(전자 또는 양전자)를 방출해.

감마 붕괴는 원자핵 속에 에너지가 너무 많을 때 일어나며 고에너지 전자기파인 감마선을 방출해. 감마선은 에너지가 너무 강해 납이나 콘크리트처럼 밀도가 높은 물질로 두껍게 벽을 만들어야 차단할 수 있어.

방사성 붕괴와 반감기

방사성 원소의 반감기는 방사성 붕괴를 통해 전체 원자 수가 절반으로 줄어들 때까지 걸리는 시간을 말해. 알파 붕괴와 베타 붕괴가 일어날 때에는 원자핵 속의 양성자 수가 변하기 때문에, 그때마다 원소가 새로운 원소로 변해. 예를 들면, 우라늄-238은 방사성 붕괴 과정을 통해 토륨, 프로트악티늄, 라듐, 라돈, 폴로늄, 비스무트 등으로 변해 가다가 마침내 안정한 원소인 납에 이르러 원소 변환 과정이 끝나.

반감기가 짧은 원소들은 매우 위험한데, 방사성 붕괴가 그만큼 빨리 일어나기 때문이야. 반면에 반감기가 긴 원소들은 수천 년 혹은 수십만 년에 걸쳐 서서히 방사성 붕괴가 일어나기 때문에, 훨씬 오랫동안 환경에 나쁜 영향을 끼칠 수 있어.

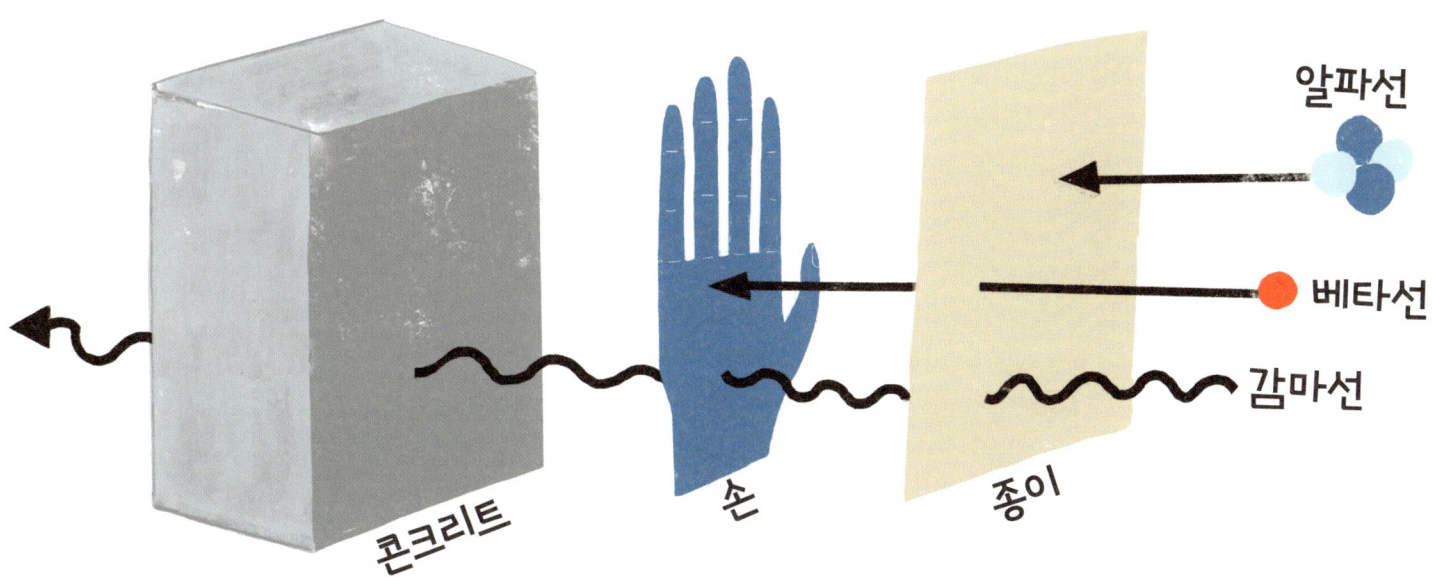

95 Am 아메리슘 AMERICIUM

악티늄족 원소인 아메리슘은 집에서도 만날 수 있어. 가정용 화재 경보기는 연기를 탐지하는데, 그 안에 미량의 아메리슘이 들어 있거든. 아메리슘은 다른 악티늄족 원소처럼 방사능이 있지만, 아주 적은 양으로는 목숨을 구하는 데 쓸 수 있어. 아메리슘에서 나오는 방사선이 주변의 공기를 이온화시켜 연기 감지기에 전류를 흐르게 해. 여기에 연기 입자가 들어오면, 이온화된 공기의 흐름이 막히고 전류에 변화가 생겨 경보가 울리게 되지.

종류: 악티늄족
발견된 해: 1944년
발견한 사람: 글렌 시보그와 미국의 동료 화학자들

96 Cm 퀴륨 CURIUM

지구에 천연으로 존재했던 퀴륨은 이미 오래전에 방사성 붕괴를 통해 모두 사라졌어. 지금은 원자로에서만 만들어지고 있지. 방사능이 아주 강한 퀴륨은 많은 에너지를 방출하지만, 그 에너지를 활용하는 것은 현실적으로 불가능해. 퀴륨이 희귀할 뿐만 아니라, 방사성 폐기물 문제도 있거든. 하지만 우주선을 추진하는 연료로 퀴륨을 사용하자고 주장하는 사람들도 있어.

종류: 악티늄족
발견된 해: 1944년
발견한 사람: 글렌 시보그와 미국의 동료 화학자들
흥미로운 사실: 퀴륨을 발견한 사람은 퀴리 부부가 아니다. 하지만 그들의 업적을 기려 이 원소에 그들의 이름이 붙었다.

97 Bk 버클륨 BERKELIUM

버클륨은 발견 장소인 버클리(캘리포니아 대학교 버클리 캠퍼스)에서 딴 이름이야. 과학자들은 입자 가속기에서 아메리슘의 한 동위 원소에 알파 입자(헬륨의 원자핵)를 충돌시켜 이 원소를 극소량 만들어 냈어. 버클륨은 자연에는 존재하지 않는 원소야. 지금까지 만들어진 양도 극히 적어. 과학자들은 버클륨의 끓는점도 알지 못하는데, 측정할 만큼 충분한 양을 만들지 못했기 때문이야.

종류: 악티늄족
발견된 해: 1949년
발견한 사람: 스탠리 톰프슨, 앨버트 기오르소, 글렌 시보그(모두 미국 화학자)

98 Cf 캘리포늄 CALIFORNIUM

과학자들은 버클리에 있는 캘리포니아 대학교의 입자 가속기에서 퀴륨에 알파 입자를 충돌시켜 캘리포늄을 처음 만들었어. 이름은 캘리포니아주에서 딴 거야. 캘리포늄은 다른 악티늄족 원소들처럼 방사능이 있지만, 연구 목적 외에 다른 용도로도 쓰여. 캘리포늄은 강력한 중성자를 방출하기 때문에 원자로에서 핵분열의 연쇄 반응을 시작하는 방아쇠 역할을 해.

종류: 악티늄족
발견된 해: 1950년
발견한 사람: 스탠리 톰프슨, 케네스 스트리트 주니어, 앨버트 기오르소, 글렌 시보그(모두 미국 화학자)

99 Es 아인슈타이늄 EINSTEINIUM

아인슈타이늄은 최초의 핵융합 폭탄인 '아이비 마이크'의 핵 실험 낙진에서 처음 발견되었어. 이 원소를 발견한 연구 팀은 물리학자 알베르트 아인슈타인의 이름을 따서 이 원소의 이름을 지었어. 핵반응에서 나오는 에너지는 아인슈타인의 유명한 공식 $E=mc^2$(에너지는 질량에 빛의 속도의 제곱을 곱한 것과 같다.)으로 계산할 수 있기 때문이야. 아인슈타인의 공식은 연쇄 핵반응을 이해하는 기초가 되었어.

종류: 악티늄족
발견된 해: 1952년
발견한 사람: 앨버트 기오르소와 미국 화학자들

100 Fm 페르뮴 FERMIUM

아인슈타이늄처럼 페르뮴도 '아이비 마이크' 수소 폭탄 실험 때 발생한 낙진에서 발견되었어. 그리고 아인슈타이늄과 마찬가지로 페르뮴도 유명한 물리학자의 이름을 따서 붙인 거야. 핵물리학 분야를 개척한 이탈리아 출신의 미국 물리학자 엔리코 페르미가 그 주인공이야. 1942년, 페르미는 시카고 대학교의 스쿼시 코트에서 최초의 핵분열 원자로를 만들었어.

종류: 악티늄족
발견된 해: 1952년
발견한 사람: 앨버트 기오르소와 미국 화학자들

치명적인 원소들

납
독성이 알려지기 전에는 페인트, 배관, 장난감, 식기에 이르기까지 온갖 곳에 사용되었어. 체내에 많은 양이 축적되면 생명이 위험할 수 있어. 심지어 적은 양도 어린이에게는 위험한데, 뇌의 발달에 영구적인 지장을 초래할 수 있기 때문이야.

플루오린
치아를 보호하는 원소인 플루오린도 독성과 부식성과 폭발성이 있어. 호흡을 통해 폐로 들어가면 목숨을 앗아 가는 위험한 원소야.

비소
비소는 탐정 소설에 단골처럼 등장하는 독인데, 그 독성은 지어낸 이야기가 아니야. 비소는 몸속에 축적되는데, 비소에 중독된 사람은 복통으로 고통받다가 결국 죽게 돼.

폴로늄
폴로늄의 독성은 타의 추종을 불허해. 폴로늄-210은 청산가리보다 독성이 2억 5000만 배나 강해 단 1g만으로도 1000만 명을 죽일 수 있어.

플루토늄
가장 위험한 원소 챔피언은 삼중의 위험을 지닌 플루토늄이야. 84번 원소 폴로늄과 그 이후의 모든 원소들처럼 플루토늄도 방사능이 있어서 위험한 방사선(알파선, 베타선, 감마선)을 방출해. 플루토늄은 독성도 있는데, 공기와 함께 폐로 들이마시면 특히 위험해. 플루토늄은 핵무기의 주요 재료로도 쓰여.

101번~118번 원소들

이제부터는 주기율표에는 존재하지만 쓰이는 곳이 전혀 없는 원소들이 남았어. 대부분 아주 짧은 시간 동안만 존재하고, 양이 너무 적어서 화학 분석조차 할 수 없는 원소들이야. 모두 입자 가속기에서 인공적으로 만들어졌어. 그래서 원소를 만든 과학자나 장소의 이름이 원소의 이름에 붙는 경우가 많아.
이 원소들이 만들어진 주요 장소들은 미국의 캘리포니아 대학교 버클리 캠퍼스, 로렌스 리버모어 국립 연구소, 오크리지 국립 연구소, 러시아 두브나에 있는 합동 원자핵 연구소(JINR), 일본의 이화학 연구소, 독일의 중이온 가속기 연구소(GSI)야.

인공 원소는 과학자들이 서로 먼저 발견했다고 주장해 많은 논란이 있다. 출처에 따라 발견 날짜와 발견 장소가 달라질 수도 있다. 이 책에서는 영국 왕립 화학회의 기준을 따랐다.

원소 이름	원자 번호	원소 기호	종류	발견 연도	발견 장소	이름의 유래
멘델레븀	101	Md	악티늄족	1955	미국 캘리포니아 대학교 버클리 캠퍼스	드미트리 멘델레예프 (러시아 화학자)
노벨륨	102	No	악티늄족	1966	러시아 합동 원자핵 연구소	알프레드 노벨(스웨덴 화학자)
로렌슘	103	Lr	악티늄족	1961	미국 캘리포니아 대학교 버클리 캠퍼스	러시아 합동 원자핵 연구소 어니스트 로렌스(미국 물리학자)
러더포듐	104	Rf	전이 금속	1964	미국 캘리포니아 대학교 버클리 캠퍼스	러시아 합동 원자핵 연구소 어니스트 러더퍼드 (뉴질랜드 물리학자)
더브늄	105	Db	전이 금속	1968~70	미국 캘리포니아 대학교 버클리 캠퍼스/러시아 합동 원자핵 연구소	두브나(러시아 도시)
시보귬	106	Sg	전이 금속	1974	로렌스 버클리 국립 연구소	글렌 시보그(미국 화학자)

보륨	107	Bh	전이 금속	1981	독일 중이온 가속기 연구소	닐스 보어(덴마크 물리학자)
하슘	108	Hs	전이 금속	1984	독일 중이온 가속기 연구소	헤센(독일의 주)
마이트너륨	109	Mt	알 수 없음	1982	독일 중이온 가속기 연구소	리제 마이트너 (오스트리아 물리학자)
다름슈타튬	110	Ds	알 수 없음	1994	독일 중이온 가속기 연구소	다름슈타트(독일의 도시)
뢴트게늄	111	Rg	알 수 없음	1994	독일 중이온 가속기 연구소	빌헬름 콘라트 뢴트겐 (독일 물리학자)
코페르니슘	112	Cn	전이후 금속	1996	독일 중이온 가속기 연구소	니콜라우스 코페르니쿠스 (폴란드 천문학자)
니호늄	113	Nh	알 수 없음	2004	일본 이화학 연구소	일본
플레로븀	114	Fl	알 수 없음	1999	러시아 합동 원자핵 연구소	게오르기 플료로프 (러시아 물리학자)
모스코븀	115	Mc	알 수 없음	2003	러시아 합동 원자핵 연구소/미국 로렌스 리버모어 국립 연구소	모스크바(러시아의 도시)
리버모륨	116	Lv	알 수 없음	2000	러시아 합동 원자핵 연구소/미국 로렌스 리버모어 국립 연구소	리버모어(미국의 도시)
테네신	117	Ts	알 수 없음	2010	러시아 합동 원자핵 연구소/미국 로렌스 리버모어 국립 연구소/ 미국 오크리지 국립 연구소	테네시(오크리지 국립 연구소가 있는 미국의 주)
오가네손	118	Og	알 수 없음	2006	러시아 합동 원자핵 연구소/미국 로렌스 리버모어 국립 연구소	유리 오가네샨 (러시아 핵물리학자)

주기율표의 발전에 기여한 화학자들

칼 빌헬름 셸레(1742~1786년)는 스웨덴의 화학자야. 열다섯 살 때 약제상 밑에서 견습생으로 일하기 시작했는데, 그때부터 화학에 관한 지식을 풍부하게 얻을 수 있었어. 유명한 과학 작가 아이작 아시모프는 셸레를 '불운한 셸레'라고 불렀는데, 많은 원소를 먼저 발견하고도 그 공을 다른 과학자들에게 빼앗겼기 때문이야. 산소, 텅스텐, 바륨, 수소 등이 셸레가 발견한 원소들이야. 다행히도 염소와 몰리브데넘은 셸레가 발견한 것으로 인정받았어.

마르틴 하인리히 클라프로트(1743~1817년)는 우라늄, 지르코늄, 세륨을 발견한 독일 화학자야. 클라프로트는 평생 동안 논문을 200편 이상 쓰고, 다섯 권짜리 화학 사전을 출간하는 등 많은 업적을 쌓았어.

험프리 데이비(1778~1829년)는 바륨, 붕소, 칼슘, 마그네슘, 칼륨, 나트륨을 단독으로 발견하거나 공동으로 발견한 영국 화학자야. 젊은 시절에는 외과의 밑에서 견습생으로 일하면서 남는 시간에 독학으로 화학을 공부했어. 화학뿐만 아니라 신학, 철학, 시를 비롯해 여러 나라의 언어도 혼자서 공부했다고 해!

옌스 야코브 베르셀리우스(1779~1848년)는 스웨덴 화학자이고, 현대 화학을 정립하는 데 기여했어. 최초로 원자설을 받아들인 유럽 과학자 중 한 명이었고, 새롭고 편리한 화학 기호 체계를 만들 필요성을 느껴 지금의 원소 기호를 고안했어. 베르셀리우스는 셀레늄, 규소, 세륨, 토륨을 발견했어. 전기화학(전기 에너지와 화학 과정 사이의 상호 작용을 연구하는 분야) 분야에서 선구적인 실험을 한 것으로도 유명해.

칼 구스타프 모산데르(1797~1858년)는 베르셀리우스의 제자로, 란타넘, 어븀, 터븀을 발견했어. 1832년에 모산데르는 스톡홀름의 카롤린스카 연구소에서 베르셀리우스로부터 화학과 약학 교수 자리를 물려받았어.

윌리엄 램지(1852~1916년)는 아르곤, 헬륨, 네온, 크립톤, 제논을 분리하는 데 성공해 주기율표에 '비활성 기체'라는 새로운 기둥을 세우는 데 기여한 영국 화학자야. 1904년에 노벨 화학상을 수상했어.

리제 마이트너(1878~1968년)는 오스트리아의 물리학자로, 베르타 카를리크와 가까운 동료 사이였어. 마이트너는 방사능과 핵물리학을 연구했고 핵분열 반응을 발견했어. 마이트너는 독일에서 여성으로서는 최초로 물리학 정교수가 되었어. 훗날 109번 원소(마이트너륨)에는 마이트너의 이름이 붙었지.

이다 노다크(1896~1978년)는 독일의 물리학자이자 화학자야. 남편 발터 노다크와 함께 새로운 원소인 레늄을 발견했어. 이 업적으로 노벨상 수상 후보로 세 번이나 추천되었지. 이다 노다크는 1934년에 핵분열 개념을 처음으로 주장한 과학자이기도 해.

용어 사전

가연성	불이 잘 붙거나 타는 성질.
감마선	방사성 물질에서 나오는 방사선의 하나. 파장이 아주 짧고 에너지가 높으며 물질 투과성이 강한 전자기파이다.
강자성	금속이 외부의 자기장에 의해 강하게 자화되어, 자기장을 없애더라도 자성이 그대로 남아 있는 성질.
광물	지각에서 천연으로 산출되는 무기질 물질로, 각 부분의 질이 균일하고 화학적 조성이 일정한 것.
광석	경제적 가치가 있고 채굴할 수 있는 광물이나 암석.
광섬유	정보를 빛 신호에 담아 먼 곳으로 전송할 때 쓰는, 가늘고 유연한 유리 또는 플라스틱 섬유.
기원전	기원 원년 이전. 주로 예수가 태어난 해를 원년으로 하는 서력기원을 기준으로 한다.
끓는점	물질이 끓기 시작하는 온도.
내식성	부식이나 침식을 잘 견디는 성질.
내열성	높은 온도에서 변하지 않고 잘 견디는 성질.
노벨상	스웨덴의 화학자이자 발명가인 노벨의 유언에 따라 인류 복지에 공헌한 사람이나 단체에 주는 국제적인 상.
대사	생물이 섭취한 영양 물질을 몸속에서 분해하고 합성하여 필요한 물질이나 에너지를 만드는 과정.
도체	열 또는 전기의 전도율이 비교적 큰 물체를 통틀어 이르는 말.
동소체	같은 원소로 이루어졌지만 원자들의 배열이 다른 물질. 예를 들면, 탄소의 동소체로는 흑연, 숯, 다이아몬드가 있다. 이들은 모두 탄소 원자로만 이루어졌지만, 탄소 원자들의 배열 방식이 달라 다른 물질로 나타난다.
동위 원소	원자 번호는 같지만 질량수가 다른 원소. 양성자 수는 같지만 중성자 수가 다르다.
밀도	어떤 물질의 단위 부피가 가진 질량. 부피에 비해 질량이 많이 나갈수록 밀도가 더 크다.
반감기	방사성 원소가 방사성 붕괴를 통해 다른 원소로 변할 때 원자 수가 절반으로 줄어드는 데 걸리는 시간.
반도체	전기 전도율이 도체와 부도체의 중간 정도인 물질. 실온에서는 도체처럼 전기가 통하고, 낮은 온도에서는 부도체와 같은 상태가 된다.
반응성	물질이 다른 원자나 분자 또는 화합물과 화학 반응을 일으키는 경향.
방사성 붕괴	불안정한 원자핵이 자연적으로 방사선을 방출하면서 다른 원자핵으로 변하는 현상.
백금족 금속	주기율표에서 제8족에 속하는 귀금속. 밀도가 아주 높고 희귀한 금속으로, 루테늄, 로듐, 팔라듐, 오스뮴, 이리듐, 백금의 여섯 원소가 이에 속한다.
복사	전자기파나 아원자 입자의 형태로 나오는 에너지.
부식	금속이 화학 작용으로 삭는 현상.
부피	액체나 고체 또는 기체가 3차원 공간에서 차지하는 크기.
분자	어떤 물질의 특성을 그대로 지니고 있는 최소의 입자. 보통 둘 이상의 원자가 결합해 만들어진다.
비활성	다른 물질과 쉽게 반응하지 않는 성질.

산	물에 녹으면 수소 이온(H^+)이 나오고, 염기를 만나면 중화 반응이 일어나 물과 염이 생기는 물질. 산은 pH 값이 7보다 작다.
살균제	세균이나 균류 같은 미생물을 죽이는 약.
아원자 입자	원자보다 더 작은 입자. 소립자나 원자핵, 양성자, 전자 따위가 있다.
알파 입자	알파 붕괴 때 나오는 입자. 알파 입자는 양성자 2개와 중성자 2개로 이루어져 있어 헬륨의 원자핵과 같다.
양성자	중성자와 함께 원자핵을 이루는 입자. 양전하를 띠고 있다.
양전하	양의 전기를 띤 전하. 원자나 분자가 전자를 하나 이상 잃을 때 양전하를 띠게 된다.
연금술	납이나 구리 같은 값싼 금속을 금으로 바꾸는 방법을 찾으려고 했던 원시적 화학 기술. 연금술은 과학적 탐구와 신비주의가 결합된 지식이었다.
연성(延性)	단단함을 잃지 않으면서 철사처럼 가늘고 길게 뽑을 수 있는 금속의 성질.
염기	pH 값이 7보다 큰 물질로, 산을 만나면 중화 반응이 일어나 물과 염이 생긴다. 물에 잘 녹는 염기를 알칼리라고 부른다.
용매	물질을 녹여서 용액을 만들 때 사용하는 액체.
용융	물질에 열을 가했을 때 액체로 상태가 변하는 현상.
원소	동일한 원자 번호를 가진(즉, 동일한 종류의) 원자들을 가리키는 이름.
원자 번호	원소의 종류를 나타내는 수. 원자핵 속에 들어 있는 양성자의 수와 같다.
원자	화학 반응을 통해 더 이상 작게 쪼갤 수 없는 물질의 최소 기본 단위. 원자는 원자핵과 그 주위를 도는 전자로 이루어져 있다.
원자가 껍질	원자의 가장 바깥쪽 전자껍질.
원자가 전자	원자의 가장 바깥쪽 궤도를 도는 전자.
원자량	원자의 상대적 질량. 탄소-12 원자를 기준으로 삼아 상대적 질량을 매긴다. 각 원소의 원자량은 원자핵 속에 있는 양성자와 중성자의 수를 합한 것과 거의 같다.
원자로	핵분열 연쇄 반응 속도를 제어하여 그 에너지를 서서히 끌어내는 장치.
원자설	모든 물질은 더 이상 쪼갤 수 없는 원자로 이루어져 있다는 학설.
원자핵	원자의 중심부를 이루는 입자. 양성자와 중성자로 이루어져 있다.
유기 물질	생물체를 이루거나 거기서 유래한 물질.
음전하	음의 전기를 띤 전하. 원자나 분자가 여분의 전자를 하나 이상 가질 때 음전하를 띠게 된다.
이온	전하를 띤 원자 또는 원자단. 전기적으로 중성인 원자가 전자를 잃으면 양전하를, 전자를 얻으면 음전하를 가진 이온이 된다.
이온화	전해질이 용액 속에서 양이온이나 음이온으로 해리되는 일 또는 현상.
이산화	어떤 원자 또는 분자가 산소 원자 두 개와 결합하는 일.
입자 가속기	전자기장을 사용해 아원자 입자를 아주 높은 속도로 가속하는 장치.
전성(展性)	두드리거나 누르면 얇게 펴지는 금속의 성질.
전자	원자 속에서 음전하를 띠고서 원자핵 주위를 도는 입자. 원자에서 떨어져 나와 자유롭게 흘러 다니는 전자도 있는데, 전자의 흐름은 전류를 만들어 낸다.
전자기력	전기나 자기로 인해 생겨나는 힘. 양성자와 전자 같은 아원자 입자들 사이에 작용하는 전자기력은 물질을 일정한 형태로 유지하는 데 도움을 준다.
전자껍질	원자 안에서 거의 같은 에너지를 가진 전자 궤도들로 이루어진 지역. 원자핵에서 떨어진 거리에 따라 그 에너지 준위가 서로 다른 전자껍질이 많이 존재한다.

전하	물체가 띠고 있는 정전기의 양. 전하의 종류는 음전하와 양전하가 있으며, 같은 전하끼리는 밀어내는 힘(척력)이 작용하는 반면, 다른 전하끼리는 잡아당기는 힘(인력)이 작용한다.
전해질	물 등의 용매에 녹으면 이온화하여 음이온과 양이온으로 나뉘어 전기가 통하는 물질.
제련	광석을 용광로에서 녹여 함유한 금속을 추출하는 과정.
족(族)	주기율표에서 같은 세로줄에 늘어선 원소들. 같은 족에 속한 원소들은 맨 바깥쪽 전자껍질에 있는 전자의 수가 같고, 화학적 성질이 비슷하다.
주기	주기율표에서 같은 세로줄에 늘어선 원소들. 같은 주기에 속한 원소들은 전자껍질의 수가 똑같다.
중성자	양성자와 함께 원자핵을 이루는 입자. 양전하를 띤 양성자와 달리 전하가 없다.
중합체	분자가 기본 단위의 반복으로 이루어진 화합물.
지각	지구의 가장 바깥쪽 껍질에 해당하는 층.
질량	물체 속에 들어 있는 물질의 양. 그 속에 들어 있는 원자의 양과 같다.
초우라늄 원소	우라늄보다 원자 번호가 큰 원소. 이 원소들은 방사성 붕괴가 일어나면서 다른 원소로 변하는 경향이 있다.
촉매 변환 장치	엔진에서 나오는 오염 물질을 독성이 덜한 물질로 바꾸는 장치.
촉매	자신은 변하지 않으면서 다른 물질의 화학 반응을 촉진하는 물질.
pH	용액의 산성 또는 염기성 정도(수소 이온 농도)를 나타내는 지수.
ppm	100만분의 1이라는 뜻으로, 주로 대기나 해수, 지각 등에 존재하는 미량 성분의 농도를 나타낼 때 쓰이는 단위.
합금	한 금속에 다른 금속이나 비금속을 첨가하여 만든 금속.
핵	지구의 가장 안쪽에 있는 층. 핵은 다시 외핵과 내핵으로 나누어져 있다.
핵분열	원자핵이 더 작은 두 원자핵으로 쪼개지면서 에너지와 중성자를 방출하는 현상.
핵융합	두 원자핵이 합쳐서 더 무거운 원자핵을 만들면서 많은 에너지를 방출하는 현상.
화합물	두 가지 이상의 원소 원자가 화학적으로 결합하여 생긴 물질.
효소	생물 내부에서 일어나는 화학 반응을 매개하는 단백질 촉매.

찾아보기

ㄱ

가돌리늄 104
가돌린, 요한 79
간, 요한 고틀리에브 58
갈륨 70
감마 붕괴 131
강철 12, 28, 45, 56, 57, 58, 63, 89, 107
게이뤼삭, 조제프 루이 27
고분자 28
고체 14
공룡 112
괴링, 오스발트 헬무트 127
구리 64, 66, 68, 69, 71, 89, 92, 94
    탄산 구리 68
구텐베르크, 요하네스 93
규소 40, 41, 42, 139
    규산염 40, 42
    이산화 규소 42, 71
그래핀 28
그레거, 윌리엄 54
글렌데닌, 로렌스 E. 102
금 67, 88, 110, 113, 115
기오르소, 앨버트 133, 134, 140
기체 14

ㄴ

나이오븀 81, 108
나트륨 12, 36, 41, 49, 59, 66, 138
    수산화 나트륨 36
    염화 나트륨 36, 46
    중탄산 나트륨 36
    탄산 나트륨 66
    황산 나트륨 36
나폴레옹 3세 39
나폴레옹 보나파르트 72, 92
납 67, 82, 90, 93, 94, 119, 120, 131, 135
    크로뮴산 납 57
네오디뮴 100, 101, 104
네온 35, 48, 139
넵투늄 128, 130
노다크, 발터 110, 139
노다크, 이다 110, 139
노벨, 알프레드 136
노벨륨 136, 140
녹청 68
니켈 40, 57, 64, 90
    홍비니켈광 64
니호늄 137
닐손, 라르스 프레데리크 52

ㄷ

다름슈타튬 137
다마스쿠스강 56
다이아몬드 28, 29
더브늄 136, 140
데이비, 험프리 27, 36, 49, 50, 98, 138
델 리오, 안드레스 마누엘 56
도른, 프리드리히 에른스트 122
동소체 28, 29
동위 원소 11
드마르세, 외젠아나톨 103
드비에른, 앙드레루이 126
들라퐁텐, 마르크 105
디디뮴 100
디스프로슘 104, 105

ㄹ

라돈 122, 131
라듐 124, 125, 131
라부아지에, 앙투안 로랑 45
라이히, 페르디난트 91
란타넘 20, 99, 126, 139
란타넘족 18, 20, 53
랑레트, 닐스 아브라함 24
램지, 윌리엄 24, 35, 48, 76, 96, 139
러더퍼드, 대니얼 30
러더퍼드, 어니스트 136
러더포듐 136, 140
레늄 110, 139
레일리, 존 48
로듐 86, 87
로렌슘 136, 140
로렌스, 어니스트 136
로스, 밥 90
로제, 하인리히 81
뢴트게늄 137
뢴트겐, 빌헬름 콘라트 137
루미놀 111
루비듐 77
루테늄 84
루테튬 107
르코크 드 부아보드랑, 폴에밀 70, 102, 104, 105
리버모륨 137
리튬 25, 29
    염화 리튬 25
리트비넨코, 알렉산드르 121
리히터, 히로니모우스 91

ㅁ

마그네슘 37, 41, 59, 138
마그누스, 알베르투스 72
마르그라프, 안드레아스 69
마리냐크, 장샤를 갈리사르 드 104, 107
마린스키, 제이컵 102
마이트너, 리제 137, 138
마이트너륨 137, 138
망가니즈 58, 59
    산화 망가니즈 58
매카트니, 폴 86
매켄지, 케네스 로스 122
맥밀런, 에드윈 130
메테인 22
멘델레븀 136, 140
멘델레예프, 드미트리 8, 16, 17, 18, 110, 136
모네, 클로드 90
모리스, 윌리엄 72
모산데르, 칼 구스타프 99, 104, 106, 139
모스코븀 8, 137, 139
모차르트, 볼프강 아마데우스 93
몰리브데넘 59, 82, 138
무아상, 앙리 34
물 22
물질의 상태 14
뮐러 폰 라이헨슈타인, 프란츠요제프 94

ㅂ

바나듐 56
바륨 98, 138
    황산 바륨 98
반감기 121, 122, 123, 127, 128, 131
반응성 비금속 18, 21
발라르, 앙투안제롬 74
방사능 131
백금 86, 87, 113
백금족 금속(PGM) 84
백통 64
버클륨 133, 140

법의학 111
베르셀리우스, 옌스 야코브 42, 73, 99, 126, 139
베르크, 오토 카를 110
베릴륨 26
베타 붕괴 131
보륨 136
보어, 닐스 136
보크사이트(철반석) 39
보클랭, 니콜라 루이 26, 57
볼프람 67
부싯돌 42
분자 12
분젠, 로베르트 77, 97
붕사 27
붕소 27, 138
    질화 붕소 27
    탄화 붕소 27
브란트, 예오리 63
브란트, 헤니히 15, 43
브로민 44, 74
    브로민화 수소산 74
블랙, 조지프 37
비소 15, 63, 64, 72, 135
비스무트 120, 131
비활성 기체 18, 21, 24
빙클러, 클레멘스 71

ㅅ

사마륨 102
사마스카이트 102
사이안화물 115
산소 8, 22, 32, 33, 40, 41, 42, 43, 45, 48, 54, 59, 69, 74, 86, 106, 111, 140
색스, 올리버 85
석고 50
석영 42
석회석 50, 60
세그레, 에밀리오 83, 122
세륨 99, 138, 139
세슘 97
셀레늄 44, 59, 73, 139
셀룰로스 28
셀레, 칼 빌헬름 32, 46, 82, 138

소레, 자크루이 105
쇼너시, 돈 139
수소 이온 지수(pH) 20
수소 9, 11, 20, 22, 41, 59, 88, 111, 138
    과산화 수소 22, 111
    셀레늄화 수소 44
    염화 수소 46
수은 35, 67, 90, 116
    황화 수은 116
스칸듐 52, 53, 103
스트로마이어, 프리드리히 90
스트론튬 78
    알루민산 스트론튬 78
    염화 스트론튬 78
    탄산 스트론튬 78
    황산 스트론튬 78
스트리트, 케네스 주니어 133
시보귬 136, 140, 141
시보그, 글렌 130, 132, 133, 136, 140
실리콘 밸리 42
싸이올 44

ㅇ

아르곤 48, 139
아르프베손, 요한 아우구스트 25
아메리슘 132, 133, 140
아스타틴 122
아시모프, 아이작 138
아연 15, 59, 68, 69
    산화 아연 69
아우어 폰 벨스바흐, 카를 100, 101, 107
아이오딘 59, 95
아인슈타이늄 134, 140
아인슈타인, 알베르트 134
악티늄 21, 126, 127
악티늄족 18, 21
안티모니 8, 67, 93
    황화 안티모니 67
알루미늄 8, 39, 41, 52, 63
알칼리 금속 18, 20
알칼리 토금속 18, 20
알칼리 20
알파 붕괴 131
암모니아 30, 105
애빌슨, 필립 130

액체 14
양성자 10, 11
어븀 106, 139
에케베리, 안데르스 구스타브 108
엘루야르, 파우스토 110
엘루야르, 후안 110
연금술 15
연료 전지 22, 113
염산 46
염소 12, 25, 46, 54, 59, 74, 138
엽록소 37
옐름, 페테르 야코브 82
오가네샨, 유리 137
오가네손 128, 137, 141
오스뮴 44, 111
    사산화 오스뮴 111
    오스뮴 산화물 111
외르스테드, 한스 크리스티안 39
외치, 아이스맨 28
우라늄 53, 121, 122, 124, 126, 127, 128, 130, 131, 138, 140
운석 60, 64, 112
울러스턴, 윌리엄 하이드 86, 88
원소
    고대 그리스 4원소설 15
    기호 18, 66, 67
    냄새 44
    멸종 위기 53
    분류 20, 21
    수집 85
    우리 몸 59
    원자 번호 9
    역할 8
    인공 원소 9, 136, 137
    정의 9
    지각 40, 41
    초우라늄(인공) 원소 9, 128, 136, 137, 139, 141
    치명적인 원소 135
원자
    구조 10, 11
    크기 10, 11
    원자 번호 10, 11, 18
    원자 질량 10, 18
    원자가 껍질 11
    원자시계 97, 107

위르뱅, 조르주 107
유로퓸 103, 104
    산화 유로퓸 103
은 8, 9, 63, 66, 67, 68, 89
    질산 은 89
이리듐 85, 1112
이온 11
이터븀 106, 107
이트륨 8, 53, 79
    이트륨 알루미늄 가넷(YAG) 79
인 15, 43, 53, 59
    인산염 43
인듐 53, 91
    인듐 주석 산화물(ITO) 91
입자 가속기 128, 129

ㅈ

자석 78, 81, 100, 101, 102, 104, 105
저마늄 71
    이산화 저마늄 71
전이 금속 18, 21
전이후 금속 18, 21
전자 10, 11
제논 96, 139
제임스, 찰스 107
조프루아, 클로드 프랑수아 120
족 19
주기율표
    역사 15, 17
    읽기 18, 19
    탐구 8
주석 67, 68, 92, 93, 120
준금속 18, 21
중성자 10, 11
중정석 98
지구
    지각 40, 41
    자기장 60, 61
지구 온난화 28
지르코늄 80, 138
    산화 지르코늄 80
진사 116
질소 27, 30, 31, 48, 59, 111
    산화 질소 87
    질소의 순환 31

ㅊ

철 40, 41, 60, 66, 111
    산화 철 78
청동 68, 92
초악티늄족 21
촉매 변환 장치 86, 87, 88, 99, 113

ㅋ

카드뮴 90, 94
카를리크, 베르타 138
칼륨 41, 49, 59, 66, 138
    잿물 49, 66
    탄산 칼륨 81
칼슘 41, 50, 59, 78, 90, 119, 140
    인산 칼슘 43, 50
    탄산 칼슘 50
    황산 칼슘 50
캐번디시, 헨리 22
캘리포늄 133, 140
컬럼바이트 81
코리엘, 찰스 102
코발트 59, 63, 102
    비화 코발트 63
    산화 코발트 63
코스터르, 디르크 108
코슨, 데일 122
코페르니쿠스 137
코페르니쿠스, 니콜라우스 137
쿠르투아, 베르나르 95
퀴륨 132, 140
퀴리, 마리 121, 124, 125, 132, 140, 141
퀴리, 이렌 125
퀴리, 피에르 124, 125, 132
크로퍼드, 아데어 78
크로뮴 57, 59
    염화 크로뮴 57
크론스테트, 악셀 프레드리크 64
크롤법 54
크룩섕크, 윌리엄 78
크룩스, 윌리엄 118
크립톤 35, 76, 139
클라우스, 카를 카를로비치 84
클라프로트, 마르틴 하인리히 80, 99, 127, 138
클레베, 페르 테오도르 24, 105, 106
클로드, 조르주 35
키르히호프, 구스타프 77, 97

ㅌ

타이타늄 41, 54, 98
    사염화 타이타늄 54
    이산화 타이타늄 54
탄소 22, 28, 29, 54, 59, 60, 111
    이산화 탄소 28, 33, 37
    일산화 탄소 87
탄탈럼 81, 108
탈륨 106, 118
    황산 탈륨 118
    황화 탈륨 118
터븀 104, 106, 139
텅스텐 67, 110, 138
    탄화 텅스텐 110
테나르, 루이 자크 27
테넌트, 스미스슨 44, 111, 112
테네신 137, 139
테크네튬 83
텔루륨 44, 94
토륨 53, 122, 126, 131, 139
톰프슨, 스탠리 133
투탕카멘 63
툴륨 106
트래버스, 모리스 35, 76, 96

ㅍ

파얀스, 카시미르 127
팔라듐 86, 87, 88
페레, 마르그리트 123, 139
페르뮴 128, 134, 140
페르미, 엔리코 134
페리에르, 카를로 83
포드, 헨리 56
폴 헤베시, 게오르크 카를 108
폴로늄 120, 121, 125, 131, 135
폴루사이트 97
풀러렌 28, 29
프라세오디뮴 100, 101
프랑슘 103, 123, 140
프로메튬 102
프로트악티늄 127, 131
프리스틀리, 조지프 32
플레로븀 137
플료로프, 게오르기 137
플루오린 34, 76, 135
    플루오린 화합물 34
    플루오린화 수소산 34
플루토늄 128, 130, 135
피치블렌드 124, 125

ㅎ

하슘 137
하프늄 85, 108
합금 12
해칫, 찰스 81
헤모글로빈 60, 111
헬륨 10, 22, 24, 53, 139
형석 34
호프만, 달린 141
홀뮴 105
    산화 홀뮴 105
화강암 122
화학, 역사 15
화합물 12, 13
황 44, 45, 59
    이산화 황 45
    황산 45
    황산염 45
황동 12, 68
휘안석 93
흑연 28, 29
희토류 원소(REE) 53
히싱에르, 빌헬름 99

리사 콩던 지음

작가이자 일러스트레이터로 다양한 작품을 선보이고 있습니다. 독학으로 자신의 길을 개척해 왔고, 예술가이자 교육자로서 대학에서 강의도 하고 있습니다. 《우리는 매일 새로워진다》, 《내일의 나를 응원합니다》, 《어썸 스케치북》 등의 책을 펴냈고, 《우리의 이름을 기억하라》에 그림을 그렸습니다. 《그림으로 보는 원소 백과》는 출간 즉시 미국 아마존 백과 분야 1위에 올랐고, 캘리포니아독서협회가 주관하는 '유레카!' 어린이 논픽션 은상을 수상했습니다.
www.lisacongdon.com

이충호 옮김

서울대학교 사범대학 화학과를 졸업하고, 현재 과학 전문 번역가로 활동하고 있습니다. 《신은 왜 우리 곁을 떠나지 않는가》로 2001년 제20회 한국과학기술도서 번역상을 받았습니다. 지금까지 《사라진 스푼》, 《화학이 화끈화끈》, 《내 안의 유인원》, 《우주의 비밀》, 《루시-최초의 인류》, 《처음 읽는 양자물리학》, 《처음 읽는 상대성 이론》, 《처음 읽는 코스모스》, 《처음 읽는 에너지》 등 수많은 책을 우리말로 옮겼습니다.

화학을 몰라도 재미있는 주기율표
그림으로 보는 원소 백과

1판 1쇄 발행 2023년 11월 10일 | **1판 3쇄 발행** 2026년 1월 12일

지음 리사 콩던 | **옮김** 이충호 | **펴낸이** 이재일
편집 이다정, 김하늬 | **디자인** 조희정
제작·마케팅 강지연, 강백산, 김주희
펴낸곳 토토북 | **출판등록** 2002년 5월 30일 제2002-000172호
주소 04034 서울시 마포구 잔다리로7길 19, 명보빌딩 3층
전화 02-332-6255 | **팩스** 02-6919-2854
홈페이지 www.totobook.com | **전자우편** totobook@totobook.com
인스타그램 totobook_tam
ISBN 2002년 5월 30일 제2002-000172호

*잘못된 책은 구입하신 곳에서 바꾸어 드립니다.

KC | **제품명** 그림으로 보는 원소 백과 | **제조자명** 토토북 | **제조국명** 대한민국 | **전화** 02-332-6255
주소 서울시 마포구 잔다리로7길 19, 명보빌딩 3층 | **인증 유형** 공급자 적합성 확인 | **사용 연령** 10세 이상
제조일 2026년 1월 12일 ●KC마크는 이 제품이 공통안전기준에 적합하였음을 의미합니다.

⚠ **주의** 아이들이 책을 입에 대거나 모서리에 다치지 않게 주의하세요.

원소 주기율표

주기율표 읽는 법

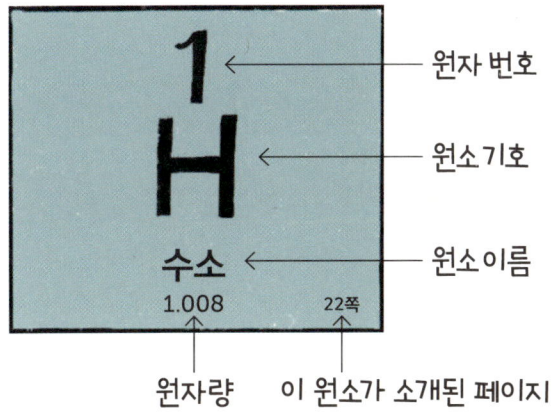

- 1 → 원자 번호
- H → 원소 기호
- 수소 → 원소이름
- 1.008 → 원자량
- 22쪽 → 이 원소가 소개된 페이지

- 🟧 알칼리 금속 원소
- 🟧 알칼리 토금속 원소
- 🟦 란타넘족 원소
- 🟪 악티늄족 원소
- 🟨 전이 금속 원소
- 🟩 전이후 금속 원소
- 🟫 준금속 원소
- 🟦 반응성 비금속 원소
- 🟥 비활성 기체 원소
- 🟨 성질이 알려지지 않은 원소

주기 \ 족	1	2	3
1	1 H 수소 1.008 22쪽		
2	3 Li 리튬 6.94 25쪽	4 Be 베릴륨 9.012 26쪽	
3	11 Na 나트륨(소듐) 22.990 36쪽	12 Mg 마그네슘 24.305 37쪽	
4	19 K 칼륨(포타슘) 39.098 49쪽	20 Ca 칼슘 40.078 50쪽	21 Sc 스칸듐 44.956 52쪽
5	37 Rb 루비듐 85.468 77쪽	38 Sr 스트론튬 87.62 78쪽	39 Y 이트륨 88.906 79쪽
6	55 Cs 세슘 132.905 97쪽	56 Ba 바륨 137.327 98쪽	57 La 란타넘 138.905 99쪽
7	87 Fr 프랑슘 (223) 123쪽	88 Ra 라듐 (226) 124쪽	89 Ac 악티늄 (227) 126쪽

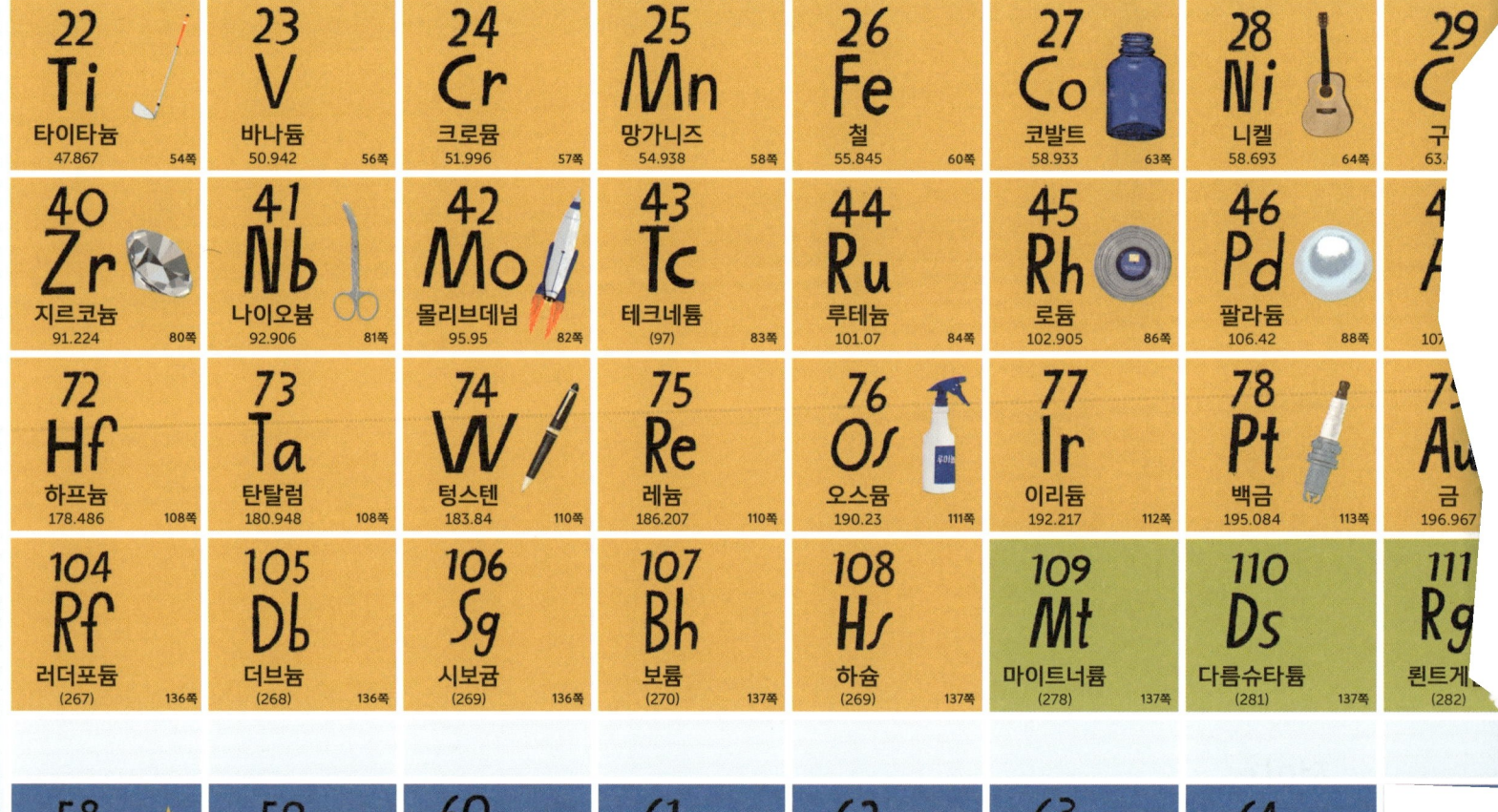